QIANNIANYIYUN

千年遗韵

第五批商丘市非物质文化遗产名录图典

DIWUPI SHANGQIUSHI FEIWUZHIWENHUAYICHAN MINGLU TUDIAN

主编——王　纲

河南大学出版社
HENAN UNIVERSITY PRESS
·郑州·

图书在版编目（CIP）数据

千年遗韵：第五批商丘市非物质文化遗产名录图典 / 王纲，李月英主编 . —郑州：河南大学出版社，2019. 7

ISBN 978-7-5649-3839-0

Ⅰ. ①千… Ⅱ. ①王… ②李… Ⅲ. ①非物质文化遗产—商丘—图集 Ⅳ. ①G127. 613-64

中国版本图书馆 CIP 数据核字（2019）第 164618 号

责任编辑 杨风华
责任校对 范亚青
封面设计 马 龙
版式设计 李雪艳

出版发行 河南大学出版社
地 址 郑州市郑东新区商务外环中华大厦 2401 号
邮 编 450046
电 话 0371-86059701（营销部）
网 址 www.hupress.com

排 版 河南大学出版社设计排版部
印 刷 郑州市毛庄印刷厂
版 次 2019 年 8 月第 1 次版
印 次 2019 年 8 月第 1 次印刷
开 本 787mm × 1092mm 1/16
印 张 11.25
字 数 146 千字
定 价 58.00 元

《千年遗韵：第五批商丘市非物质文化遗产名录图典》

目录

传统美术

柯蓝剪纸

柯蓝剪纸以家庭传承的方式在民权一带延续了 120 多年，经历代传人的发扬光大，技艺日渐精湛，剪纸作品日趋完美。在表现形式上有着全面、美化、吉祥的特征，常用于婚丧嫁娶和祭祀仪式的装饰和造型等。

柯蓝剪纸的作品风格独特，既不同于北方的粗犷，又有别于南方的细腻，恰到好处地将南北两派的艺术风格糅合在一起；其表现形式简洁、易学、易掌握，更容易传承和发展。柯蓝剪纸题材广泛，内容丰富，"既有纯朴浑厚、简练遒劲、稚拙豪放的粗犷之美，又有秀丽纤细、明快柔美、工整细巧的玲珑剔透之韵"。为了突出剪纸的韵味，作品一气呵成，真正做到了：行刀实，下刀神，达到"圆、尖、方、缺、线"的统一布局——圆如秋月，尖如麦芒，缺如银齿，线如胡须。柯蓝剪纸遵循先内后外，先细后粗，从左到右，刀刀相连的剪纸技巧。在继承祖传和剪纸技法与风格的同时，融入了现代各类艺术，特别是把国画、诗词、楹联、书法、工笔、写意、素描、影像等形式，在继承祖传、夸张而不受限制的基础上，十分巧妙地融入了许多古代元素和现代元素，使剪纸作品文化底蕴更浑厚，更具有广泛的群众性、社会性。

柯蓝剪纸，据文字记载已经经历了五代传人：第一代王李氏

（1898~1954），第二代武赵氏（1933~1976），第三代武振荣（1958~），第四代李红玉（1982~），第五代马迎晨（2004~）。

主要传承人李红玉（柯蓝剪纸的第四代传人）出身于剪纸世家，母亲和外祖母都是当地有名的剪纸巧手。李红玉自幼受长辈的熏陶，与剪纸结下不解之缘，成为大家公认的"剪纸神童"。参加工作后，兴趣尤浓，在家传剪纸技艺的基础上刻苦钻研、取长补短、推陈出新，逐渐形成了自己的剪纸风格。为让自己的作品更加群众化、时代化、艺术化。她数次到北京、深圳、河北、济南等地拜访名师，悉心接受他们的指导，用心揣摩他们的剪纸精髓与特点，在继承传统工艺、弘扬祖传技法的同时，又将剪纸艺术融入写意、素描、影像等现代各类艺术之中，从而使她的剪纸艺术师古而不泥古，新旧融汇，独具特色，品高韵浓，赢得了人们的广泛赞誉。

为使自己的剪纸技艺更加炉火纯青，李红玉参加了"中国'非遗'教育（传统民间美术技艺）高级研修班"，并得到国家高级美术师、中国民间剪纸研究会会长陈竟的指点，使自己的技艺又上了新的高峰。10 多年来，李红玉创作了数以千计的剪纸作品，她除了剪一些日常用的窗花、喜花、礼花、鞋花、门笺 、斗香花、剪纸团花、剪纸旗幡、剪纸汉字、昆虫、走兽、飞禽、花卉、人物、景物、脸谱、戏人、神仙等，还创作了颇有收藏价值的剪纸作品：《前程似锦》《花开富贵》《双喜临门》《开国大典》《历代伟人》《八骏雄风》《大展宏图》《大鹏展翅》《孔雀开屏》《花木兰》《穆桂英》《沁园春·雪》《逍遥游》，10 米长卷《百子图》、20 米长卷《伟人》、12 米长卷《十二生肖》、《仕女图》，套色剪纸《八骏图》《伟人毛泽东》《风景如画》等。在作品中她用古老的、传统的、具有强大生命力的表现形式，歌颂祖国大好河山，彰显改革开放等时代特征。

下 2016年10月李红玉参加商丘国际华商节现场向与会嘉宾展示剪纸技艺二

中 2016年10月李红玉参加商丘国际华商节现场向与会嘉宾展示剪纸技艺一

上 2013年1月李红玉参加中以交流研讨会，教南京艺术学院大学生学剪纸

2018年6月李红玉参加“文化和自然遗产日”现场展示传授剪纸技艺

2015 年 2 月 25 日，李红玉的剪纸作品《前程似锦》在 2015 年中国·郑州绿博园春节民俗文化系列活动中获银奖。2015 年 3 月，她被河南省民间文艺家协会吸收为省级会员。同年 4 月 19 日，李红玉的剪纸作品无偿献给中国红十字协会，中国红十字协会为她颁发了“捐献证书”。她的剪纸作品《开国大典》《历代伟人》《八骏雄风》《前程似锦》《大展宏图》等多幅作品在全国、省、市、县各级评比中获金奖、银奖、一等奖，其作品及剪纸事迹分别在《中国日报》、中央电视台、河南电视台、民权电视台等媒体刊登、播出。

2017 年 9 月，柯蓝剪纸被列入第五批商丘市市级非物质文化遗产名录。

剪纸工具

留青竹刻

竹刻始于唐代，定格为一种艺术门类始于明代。几百年来竹刻的种类越来越多，题材越来越广泛，刻法越来越精细。留青竹刻在雕刻中是最难的一种，它利用竹层坚硬的竹皮，与竹肌不同的色差，以中国画的笔墨为基础，巧妙地在薄薄一层竹皮上做文章，表现笔墨、意韵和刀味。其作品是书画艺术的再创造，作品不仅精巧，而且竹器外表光滑如脂，温润如玉。若经常抚玩摩挲，年代越久远，竹皮与竹肌的色差越大，肌色越深沉而近似琥珀，层次越丰富，视觉趣味越浓。

竹刻作品

贾氏留青竹刻存在于梁园区，自贾平忠创立贾氏竹刻开始，四代相传，至今已有上百年的历史，并在不断地发展和创新。贾海滨先生是梁园贾氏留青竹刻的第四代传人。贾海滨先生自幼受祖父、父亲的熏陶，酷爱留青竹刻。为了继承发展贾氏留青竹刻，贾海滨先生认真钻研和留青竹刻相关的各种技术，集绘画、书法、篆刻、雕刻多门技艺于一身，并多次去常州拜见国家级非物质文化遗产传承人、著名雕刻大师徐秉方，得到徐老先生真传。

贾氏留青竹刻利用薄如纸张的青竹层来表现自然界的万物，选材严格，刻工精细。在竹皮上表现笔墨、意韵和刀味。竹刻作品是书画艺术的再创造，题材比较广泛，有山水、画鸟、人物等，表现手法可以用工笔，也可以用写意。

贾氏留青竹刻制作过程比较复杂，具体制作步骤如下。

一、选材和处理材料：选出优质的、三年竹龄的毛竹，砍下的竹子就地锯筒，开片，进行煮沸，擦干油腻，在日光下暴晒一个月以上，妥善保管。

二、挑选出适合的材料，准备工具。

三、构思画稿，在纸上设计出所要雕刻的作品图案，

刻制作品（一）

刻制作品（二）

再用墨线勾画，放大到竹材上。

四、凿粗坯：1. 用切口刀沿画稿物像边线在应该切口的部分垂直切划；2. 铲去图纹以外的竹青。

贾氏留青竹刻在雕刻之前根据作品的形状、形式制作出相关作品，如：茶叶盒、牙签盒、笔筒、扇骨、镇纸等，然后再进行雕刻。有些作品在雕刻完成后，还要配上一些装饰、底座、木框、包装盒等。主要作品有：《王亥经商交易图》《鸟语花香》《秋韵》。

贾氏留青竹刻，据文字记载已经经历了四代传人：第一代贾平忠（1879~1912），第二代贾承志（1910~1948），第三代贾齐福（1938~），第四代贾海滨（1962~）。

上 指导学生竹刻
下 竹刻作品

主要传承人贾海滨自幼受祖父、父亲的熏陶和传授，根基深厚。近几年来，贾海滨把留青竹刻和商丘历史传统文化结合在一起，为宣传商丘做出了很大贡献。2015 年受中国少年先锋队特邀赴北京参加“传承与梦想”捐赠活动，把自己的留青竹刻捐赠给中国少先队事业活动中心。2016 年中国·商丘国际华商节，贾海滨先生又精心准备了作品《王亥经商交易图》，积极为宣传商丘，传播商丘的传统文化做贡献。

2017 年 9 月，留青竹刻被列入第五批商丘市市级非物质文化遗产名录。

竹刻所用工具

剪影

剪影起源于我国古老的皮影戏艺术，二者都是运用物体的投影造型，并采用侧面造型的手法。不同之处是：皮影戏人物制作材料是动物皮革，制作工具是刻刀等；而剪影的制作材料是纸张，制作工具是剪刀。

剪影艺人在制作过程中，一把剪刀、一张绒纸即可，但剪的过程却大有讲究。首先，艺人要对作品的对象（即要展现的人物）仔细观察，在极短的时间内找出其相貌特征、与别人的不同之处。随后开动剪刀，根据对方特征略加夸张。此时，艺人下刀准确果断，心、眼、手三者合一，一气呵成，在极其短的时间内把作品人物剪得比例准确、特点突出，达到栩栩如生、形神兼备的最高境界。

剪影作品（一）

剪影兴起于川陕一带，后来逐渐流传于全国各地。据商丘剪影艺人李丽介绍，其祖上在清末民初时期就从事剪影技艺，距今已有 100 余年的

剪影作品（二）

正在为群众剪影

历史。当时有一位剪影艺人来到他老家宁陵县卖艺求生，其曾祖父李金才（生于 1888 年），看到他手拿一把小剪刀在很短的时间里，就将一个人的影像栩栩如生地呈现在众人面前，感到非常神奇，便拜其为师。很快李金才学成出师，并以此为业，为乡邻剪影造像，深得邻里喜爱。后来此技艺被传给其祖父李元福（生于 1930 年），又被传给其父亲李业民（生于 1949 年）。随着时间的推移和一代代的传承，李家的剪影技艺越来越精湛。特别是到了李丽这一代，更是有了一个长足的发展。1996 年李丽开始以剪影为生走南闯北，其间遇到剪影大师刘期培并拜其为师，学到其用无名指、小指加虎口控制剪刀的技术。自此，李丽的剪影技艺更是突飞猛进，达到了一定的高度。

剪影有以下几个主要特征。

一、抓得准、剪得快。剪影技法讲究眼快手快，心手合一，剪如游蛇，行云流水，手法熟练，一气呵成；抓住对方摆造型的一瞬间，抬头一看就知对方特征，过目不忘，剪出客人满意的作品。

二、韵味神、善表演。剪影艺术创作要达到神形兼备，可以说这是一门微差出窥的艺术，剪影时追求写意和神似，讲究“抓神”，表现人物的“神韵”。在剪影的过程中围观者较多，可顺应这种情况与观众展开互动，剪飞纸飘，此时，艺人下刀准确果断，心、眼、手三者合一，一气呵成，一件形美、意美、神美的作品即成。这种创作的过程，达到了一种艺术表演的效果。

剪影都是现场完成，因此形成了“剪得快、抓得准、韵味神、善表演”的特点，在形似之外，更注重神似，达到形神兼备、栩栩如生的境界。

剪影，据文字记载已经经历了四代传人：第一代李金才（1888~1948），第二代李元福（1930~2010），第三代李业民（1949~），第四代李丽（1976~）。

主要传承人李丽，自幼耳濡目染喜欢上了这门技艺。在父亲的精心指导下，打下了良好的基础，其作品以娴熟的手法和流畅的线条超越了形似，达到了形神兼备的境界，受到了国内外剪影爱好者的高度评价。尤其对眼神的掌握，更是她注重的环节。近年来，李丽多次参加各级重要的“非遗”项目技艺展演活动，还受邀到新加坡、美国、韩国及中国台湾地区进行剪影表演，为宣传推广“非遗”保护和中外文化交流做了许多工作，取得了出色的成绩。

剪影艺术来自民间，历代艺人不断传承发展，使之具有浓厚的中国民间艺术特色，具有重要的历史文化价值；剪影造型简练，线条流畅，形象鲜明，既保留传统遗风，又不落后于现代潮流，具有一定的艺术审美价值；许多外宾和海外华人对剪影特别喜爱，表明剪影对传播中国民间文化起到积极的作用，具有一定的文化交流价值。

剪影所需的主要工具与材料：剪刀、各色绒纸、签字笔、贴像衬板或相框。主要作品为各式各样的人物头像、半身像、全身像以及各类景物等。

2017 年 9 月，剪影被列入第五批商丘市市级非物质文化遗产名录。

剪影所用工具

曲艺

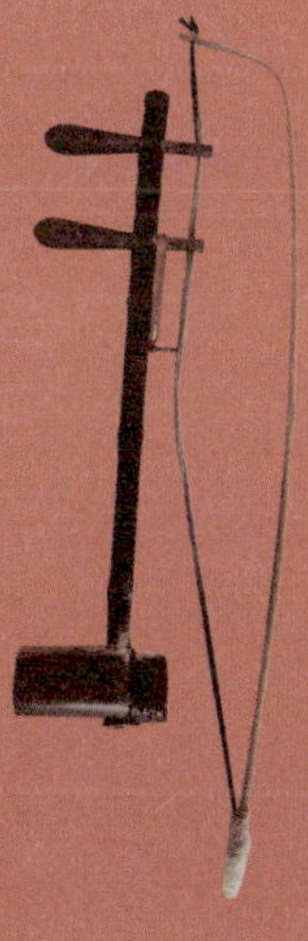

睢州敲琴

睢州敲琴是睢州琴书的传统说法，据考究有 100 多年的历史。

光绪年间，睢县平岗镇南八里高庄常有一位身挎破旧的木琴、手拿快板的琴书艺人尤进功，在本村唱喜会、寿会和娶亲会，其精湛的表演深受民众欢迎。村里有个以抬轿为生的年轻人王景礼，十分喜爱琴书，不顾家庭贫困，将尤进功长期安顿家中，并拜尤进功为师，学习了《割肝敬母》《丁兰刻木》《龙三姐拜寿》《老鼠娶亲》《观音送子》等堂会上用的剧目。学艺三年，出师后，王景礼边抬轿边唱堂会，以琴书养家糊口，深受广大人民的喜爱。

睢州琴书不局限于唱堂会，还会经常到地方各村进行演出。王景礼后将此技传给独子王长松。王长松演唱 50 年，走遍了周口、太康、睢县、宁陵、杞县、扶沟，后又把敲琴艺术传给了女儿王秀玲和儿子王桂喜。王秀玲 5 岁就已学会敲琴唱段，1972 年加入了睢县曲艺队，并和夏邑县会亭镇朱土楼拉京胡的朱金才结成夫妻，又让自己亲弟弟王桂喜拉坠胡，并组团，拜了会唱琴书和坠子的老艺人丁满堂为师，学习大书。因上代传人传下的都是唱堂会用的大头段子，不适于农村演唱，她又跟老师学习了《五虎征南》《明英烈》《王宝童坐武昌》《薛刚反唐》《金鞭记》《段关保投亲》等剧目。

上　传承人王秀玲
下　表演敲琴

睢州敲琴乡土气息浓厚；表演形式灵活，幽默俏皮；道白简约，旋律优美婉转，抒情缠绵。其主要伴奏乐器为扬琴、坠胡、板胡、二胡、琵琶、三弦、碰铃等。演唱方式分单口、双口和群口，分担曲目中的不同角色。主唱人表演时以敲琴为主，手掂快板，两边有软弓京胡、坠胡、三弦、二胡为伴奏。睢州敲琴因唱堂会出身，喜用传统的“凤阳歌四句腔”、“银纽丝”，虽耐听，但节奏感不足。睢州敲琴的特别之处在于，加入了“河南坠子”、“四平调”和安徽丝弦、二夹弦、道情、曲剧，把“凤阳歌”改成清板、抒情、常唱哭漱、哭阳梅花洛；又会根据剧情的发展，把原来的老二板改成紧垛口，一垛就是几十句，甚至百十句，不同人物演唱时又加入了豫剧中的黑头、红脸的唱腔。

睢州敲琴源于生活，活跃于生活，有着深厚的群众基础，与群众的生活紧密相连，内容广泛，多以生活伦理、社会公德等内容选材，表演与内容完美结合，创造出人民喜闻乐见的唱段。唱腔优美，表演方式独特，唱腔和板式变化丰富，让听众身陷其中，身心得到满足。演唱内容多以通俗易懂的形式，结合当地的文化口头传唱，内容也多以对人们的俗理道德、生活规范和文化习俗为主，具有很深刻的教育意义。部分作品反映了不同时期的社会风俗和内容，叙唱了许多历史、人物和知识，具有很重要的传承价值。

睢州敲琴，据文字记载已经经历了六代传人：第一代尤进功（1835~1918），第二代王景礼（1889~1964），第三代王长松（1927~2001），第四代王秀玲（1957~），第五代杨玉环（1967~），第六代朱丹丹（1985~）。

主要传承人王秀玲，经常随团参加县、市举办的调演和文艺会演，并取得了多种奖项。在睢县匡城乡举办了睢州敲琴学习班，教授了朱丹丹、吴国正、田胜利、王凤英等数十名徒弟。

2017 年 9 月，睢州敲琴被列入第五批商丘市市级非物质文化遗产名录。

坠子戏

夏邑县位于河南省的东部，是中国十大长寿之乡之一，也是至圣先师孔子的祖籍，历史渊源流长，文化底蕴丰厚深邃，受儒家思想影响深远。这里民风淳朴，始终保持着豫东人民勤劳、善良、质朴的特点。夏邑是曲艺戏曲之乡，河南坠子、琴书、渔鼓、大鼓书、柳琴戏、坠子戏等多种艺术形式在此广泛流传。

豫东坠子戏在夏邑被称为“道情戏”，因其是由原唱道情的坠子艺人用豫东方言演唱而得名。它的形成经历了单口坠子、对口坠子、群口坠子、化装坠子的发展过程。

豫东坠子戏由曲艺坠子搬上舞台后，沿用坠子的主体唱腔，为了适应由第三人称向第一人称的转换，大量借鉴了豫剧、曲剧、四平调、柳琴戏等剧种的表演程式，角色行当分明，表演动作优美，伴奏音乐更加丰富。豫东坠子戏之所以深受欢迎，是因为它有适合豫东人审美需求的特征。坠子戏具有鲜明的地方特色，以豫东地方方言为戏曲语言，夹杂俗词俚语，乡土味极浓。如《梁山伯与祝英台》里的梁山伯，人物性格憨厚质朴，《王华买爹》中的王华，人物善良中透着机灵而又圆滑，完全是豫东人的性格特色。

上　坠子戏表演
下　传承人陈毛妮在授徒指导（一）

上　传承人陈毛妮在授徒（二）
下　传承人陈毛妮在授徒（三）

坠子戏唱腔分为基本唱腔（平腔）和花腔小调两部分。基本唱腔，平调四句一送腔，四板三眼，在主体唱腔进行中根据唱词中不同句式的格律，使用三字崩、五字嵌、七字韵、巧十字、拙十字、寒韵、滚口等唱法来表现不同的情感。坠子戏的花腔小调幽默诙谐，衬词衬腔较为固定，优美华丽，从中可以听到曲剧、豫剧、道情等戏的余味。豫东坠子戏擅演悲情戏，唱腔中寒韵演唱时悲切动人，催人泪下，有着不可替代的艺术魅力。

坠子戏题材多为劝化世人、惩恶扬善、孝敬父母等，深受群众喜爱。代表剧目有：《回龙传》《小包公》《大宋金鸠记》《五虎英烈传》《小八义》《阴阳配》《八美图》《鹦哥记》等。

坠子戏的伴奏以两把坠胡为主，辅以二胡、三弦、笙、鼓板、锣、镲等。坠胡音域宽、音量大、音色美，有丰富的表现力，它可以惟妙惟肖地模仿人声、唱歌、讲话，甚至鸟兽的叫声，开场前的闹台曲是坠子戏的亮点。

坠子戏，据文字记载已经经历了四代传人：第一代彭晓山（1892~1991），第二代魏良平（1943~），第三代陈毛妮（1961~），第四代温三妮（1966~）。

主要传承人陈毛妮，从艺40余年，自幼跟随父亲陈德运和知名艺人刘传德学艺，1976年拜魏良平为师。12岁时她就独自登台演出，在《小包公》中饰演包公，《大宋金鸠记》中饰演王宝童等主要角色。她的唱腔柔美细腻、韵味优美动听、字正板稳、吐字清晰，深受群众喜爱。1982年，陈毛妮在夏邑县韩道口镇重组剧团，招收学员40余人。1985年在夏邑县孔庄乡道情剧团任教。其演出足迹遍布河南、安徽、山东、江苏等地。2012年5月参加夏邑县首届曲艺大赛，荣获三等奖；

2013 年 10 月参加商丘市首届电视表演赛，荣获银奖。2015 年 11 月参加河南省艺术研究院主办的河南坠子东路传统书目演唱会录制，演唱的剧目《小八义》，深受专家好评。

2017 年 9 月，坠子戏被列入第五批商丘市市级非物质文化遗产名录。

带弦大鼓

带弦大鼓起源于清代末期，现已在柘城县通过师承方式传承五代，100 余年。

带弦大鼓的创始人是王明远，是当地一位德艺双馨的大鼓书艺人。该曲种后来被弟子王广才、徒孙马忠臣先后继承，至叶文进已传承四代。叶文进热衷于艺术创新，他在继承长辈大鼓艺术的同时，把带弦大鼓的伴奏乐器在坠胡、二胡伴奏基础上又加上了扬琴。

带弦大鼓来源于当地大鼓书，经过历代艺人的传承和创新，已经演化为一项独立曲种，在豫东乃至河南独一无二。其唱腔独特，有较强的节奏感。加之伴奏乐器有扬琴、坠胡、二胡、曲胡等，与大鼓、铜板形成强烈的共鸣，悦耳动听，让人百听不厌。比传统大鼓演员多，阵容大，伴奏音乐独特，更适应于舞台演出。

带弦大鼓的演出形式与豫东大鼓既相似，而又有区别。其主要演出乐器有大鼓 1 面、铜板 2 片，其伴奏乐器有坠胡、二胡、扬琴等；演出人员一般为 3 至 5 人不等。演出形式是主演站在中间演唱，同时用右手敲击大鼓，左手用铜板击节进行伴奏。两侧演员或敲击扬琴，或拉坠子、二胡、曲胡等，边伴奏边演唱。带弦大鼓演出时可以独唱、

也可以对唱，有时也有加白。其唱腔板式一般用“快鼓垛”、“中鼓腔”、“凤阳鼓”三个板式。唱词的字数一般以“七字韵”为主，结合“三字嘣”、“五字措”或“十字韵”等，有时为详细叙述故事情节，常常加有白口。带弦大鼓的演出书目有传统长篇大书、中篇书目或短篇书目等。

传统长篇大书代表书目有《八美图》《五凤朝阳刀》《五侠剑》《大明英烈传》等10余部；传统中篇代表书目有《蜜蜂记》《梁祝姻缘》《风箱记》等10余部；传统短篇代表书目有《打婆婆》《韩湘子拜寿》《草船借箭》《杜康卖酒》《县官赶集》等10余部。

带弦大鼓，据文字记载已经经历了五代传人：第一代王明远（1875~1940），第二代王广才（1894~1985），第三代马忠臣（1926~2014），第四代叶文进（1952~ ），第五代叶娟（1971~ ）。

主要传承人叶文进，15岁初中毕业后拜马忠臣为师学唱大鼓书。

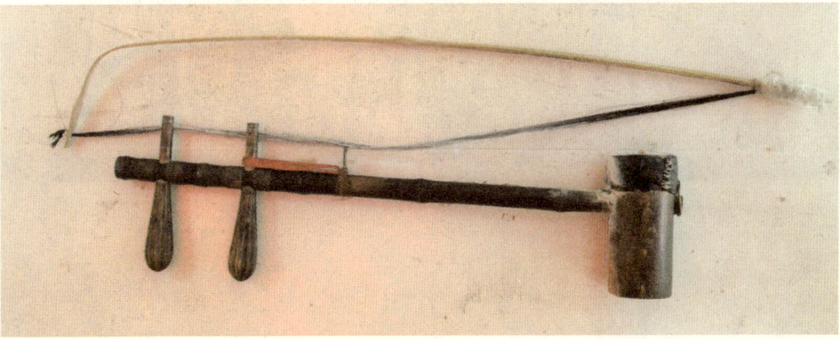

上　演出剧照（一）
下　演出剧照（二）

马忠臣见他勤奋好学，便把带弦大鼓的演唱方法传授给他。1970 年，叶文进随师父加入柘城县曲艺队，成为一名带弦大鼓艺人。他吐字清晰，做戏逼真，演唱引人入胜。1980 年，叶文进加入柘城县说唱团，在演出带弦大鼓的同时又学会了豫东琴书。1992 年被吸收为中国曲艺家协会河南分会会员。1991 年至 1997 年任柘城县说唱团团长。1997 年后任该团常务副团长，直至退休。曾多次赴省、市参加汇演并获奖。1984 年荣获全省水仙奖一等奖。2005 年参加河南省第二届民间艺术节，演出的带弦大鼓《吹大气》，荣获表演金奖。

2017 年 9 月，带弦大鼓被列入第五批商丘市市级非物质文化遗产名录。

曲子经

曲子经，也称为打扬琴，是豫东地区的稀有曲种之一，主要分布在商丘市及豫、鲁、苏、皖接合部一带。据商丘市梁园区孙楼村曲子经传承人孙延永介绍，曲子经最早可考证到清末民初时期。当时本村老艺人孙月堂、宁照明、王汉卿、孙学亭等组织戏班在豫、鲁、苏、皖接合部一带演出。在 20 世纪 30 年代，以孙继发、宁照明为代表的第二代传人延续传承，收徒授艺，曲子经得到了广泛的流传。

曲子经古籍

20 世纪 60 年代初，第三代传人拜师学艺，是曲子经的兴盛时期。当时，涌现出一批新秀，如孙延永、孙延奎、孙延义、宁桂云、刘玉莲、陆锦荣等。他们将曲子经这种曲艺艺术传播到周边县市，每逢村民家有喜事必请他们演出庆贺，在豫东、鲁西南和皖北的乡村中享有很高声誉。

所用乐器

曲子经的演唱带有鲜明的豫东特色，唱句常用七字、十字、八字韵，主要曲调有上河调、凤阳歌、汉口座、梅花落、垛子板、打枣杆、银口丝、丫儿呦、哭念五更、罗江怨、阴阳句等。经常演出的曲目大都是从传统大部书的基础上传承下来的，有《王天宝下苏州》《十三个月》《古城聚义》《姜太公卖面》《双锁柜》《王婆骂鸡》《水漫金山》《盗灵芝》《庆端阳》等。

主要乐器有：扬琴、京胡、板胡、三弦、古筝、简板等。曲子经的曲调很古老，很多都是用古老的工尺谱记录下来的。其演唱形式一般是文唱，每人各执一件乐器，一般由打扬琴者主唱，伴奏者插话搭腔。

曲子经带有鲜明的豫东特色，曲调变化丰富、唱腔俏丽委婉、质朴动听。演唱形式一般是文唱，以唱为主，以说为辅，说唱结合。演唱乡土气息浓厚，内容通俗易懂，贴近生活，张口就唱，腔随心动，适于演唱长篇曲目。

曲子经，据文字记载已经经历了四代传人：第一代孙芳友（1878~1960），第二代孙继发（1908~1984），第三代孙延永（1948~），第四代孙绵丽（1968~）。

传承人孙延永

上　表演曲子经（一）
下　表演曲子经（二）

主要传承人孙延永，自幼受老一辈曲子经艺人的熏陶和影响，随孙继发和宁照明学戏，主打扬琴，担当主唱，在长期的演唱过程中，形成了自己质朴委婉、圆润动听的演唱风格，作为核心的代表性人物，在曲子经的历史发展中，具有不可替代的作用。

2017 年 9 月，曲子经被列入第五批商丘市市级非物质文化遗产名录。

传统体育、游艺与杂技

獠牙表演艺术

獠牙

獠牙表演艺术是虞城县刘集乡赵集村赵家祖传的一种口腔表演技术，它是伴随唢呐表演而产生的一种表演艺术，广泛流传于民间。每当农户家中有红白喜事时就会请一些“吹鼓手”来表演以渲染气氛。

赵家獠牙表演最早源于百年以前，赵言昌、赵福伦两代自幼就为了讨生活跟随唢呐班子学习，将唢呐吹奏的技艺练得炉火纯青。由于当时唢呐曲目较少，一场下来时间较短，为了增加表演时间，在婚丧嫁娶中满足观众的要求，他们不断地摸索，在不断学习新的唢呐曲目的情况下，必须想出新的方法，让表演时间延长。于是，创始人赵言昌反复琢磨，无意中从一幅古画中得到启发，开始练习獠牙表演。那个时候条件差，赵言昌就用筷子练习，两根筷子插进嘴里，再练习吹奏，无论天多冷，赵言昌都坚持练习，一次次把冰凉的筷子塞进嘴里，慢慢熟练了之后，又研究曲子。由于筷子较涩，不易使用，不断改进后，改用哺乳动物的獠牙效果较好，久而久之，这项表演被称为“獠牙技艺表演”。它的出现不但增加表演时间、丰富了唢呐的表演内容，还起到了驱散围观拦截演出人员的作用。

如今，在獠牙表演中除使用哺乳动物的獠牙之外，也有使用象牙表演的。有时，一次性可吞数根獠牙、筷子或象牙。同时在表演中还加入其他表演形式以渲染气氛和场面。赵家的獠牙表演还吸纳百家之长，在不断的发展探索中，逐渐琢磨出了一种独特的技艺表演，并结合唢呐，形成了独特的绝活，以唢呐为伴奏乐器的乐曲数目则更为丰富。唢呐的适应力强，品格多变，再加上獠牙技艺表演在乐曲的来历素材上，也是兼收并蓄，普遍采取民歌小调、戏曲、曲艺音乐以及其他器乐曲的素材。

赵家獠牙表演的流传方式主要是以师带徒，口传心记。和獠牙表演伴奏的唢呐以本土民间小调音乐为基本元素，音韵高亢嘹亮，节奏欢快，善于表现热烈奔放的场面和大喜大悲的情绪。獠牙狰狞夸张的表演与锣鼓的吹打响应，唇齿契合，浑然一体，给人耳目一新的感觉。

獠牙表演，在嘴里塞上两根高高翘起的獠牙，进行快速的表演，也可以塞进数根獠牙进行同速而又有规律的表演。既有獠牙的狰狞与狂野，又有伴奏曲子的高亢婉转。主要表演形式有：吞牙、吐牙、上翻、下翻，侧翻、两侧翻。相关制品有獠牙（大 小）、唢呐（大、中、小）、笙、二板、手杈、大胡、小胡等。其吹奏技艺也是源远流长，曲目繁多，旋律优美，高亢激昂；其调子丰富多彩，演奏中，根据不同的场合气氛吹奏不同的曲牌。獠牙技艺表演潇洒自如、轻松灵巧、技巧丰富、变化多端。

獠牙技艺表演、伴奏唢呐的旋律以及吹奏中的指法、换气与调式，具有浓郁的豫东味道，是自娱自乐的民间乐班，主要为婚丧嫁娶、祝寿、小儿满月、乔迁新居等所用，是民众生活、百姓情感宣泄的最好载体。獠牙技艺表演是黄土地的灵魂，一曲曲伴乐的表演是人生感悟的一种凝聚，是一个个鲜活生命热爱自然的激情表达。

獠牙表演艺术表现形式的独特性在于将各种动物的狰狞、恐怖通过口腔的表演表现出来，让人有一种恐惧而又非常乐意欣赏的意愿。这是一种让人一见而难以忘怀的艺术表现形式。表演方式的夸张性在于将老虎、狮子、大象、野猪等动物的最具特点的动作通过夸张的形

在练习獠牙

表演獠牙

式表现出来。

獠牙表演艺术，据文字记载已经经历了五代传人：第一代赵言昌（1788~1845），第二代赵福伦（1864~1919），第三代赵广得（1924~1987），第四代赵风春（1952~），第五代赵阳（1992~）。

现在獠牙表演的主要传承人是赵家的第四代传承人赵风春和第五代传承人赵阳。第四代传承人赵风春自幼学艺，得到了赵家獠牙表演的真传，在河南、山东一带很有名气，曾参加过省、市、县里的各类演出，成为虞城周边知名的艺人。如今，第五代传承人赵阳自幼跟随父亲赵风春学习獠牙表演，在原有的基础上更是推陈出新，不但学习传统獠牙技艺表演，还虚心向周边著名的唢呐艺人学习，到专业音乐学校学习，技艺不断创新，成为年青一代技艺精湛的獠牙及唢呐表演艺人。2013 年和 2014 年，赵风春、赵阳父子俩获得“豫东十大唢呐王”称号。赵家獠牙唢呐在豫东大地上，吹奏着韵味悠远的乡音，传递着淳朴的浓浓乡情，被各级媒体誉为“含着獠牙吹着唢呐奔小康”。

2017 年 9 月，獠牙表演艺术被列入第五批商丘市市级非物质文化遗产名录。

木兰鸿拳

木兰鸿拳起源于虞城县巾帼英雄花木兰的故乡。清光绪年间，木兰鸿拳的创始人郭文武，自幼就爱舞刀弄棒，后拜师学艺，习练武功。在自身的基础上又到各地求师学艺，经多名师傅的指教，武艺颇精。但郭文武是一个进取不止的人，后来他不但四处拜师学艺，而且还在前人的基础上自创了拳术，有“八卦拳”、“上四路、下四路”、“上六路、下六路”、“贴身靠”、“总锤”；内气功：“白虎靠山”；秘不外传的轻功：“美人贴画”。

郭文武自创的这种拳术在虞城及周边渐渐有了名气。郭文武由于在木兰祠为武僧人，为了表示对木兰的尊重，发扬木兰文化，弘扬木兰精神，他便将这种拳术取名“木兰鸿拳”。木兰鸿拳在器械方面也进行了创新，特别是拐子破枪、矛镰破枪为木兰鸿拳器械中的独有套路，在当前所有拳术类中所独有；既具有鲜明的木兰武术特点，又具有独特的豫东特色。

木兰鸿拳内容丰富，与众不同，主要内容包括：拳法有挂话拳、八卦拳、地躺功;棍术有梢子棍、五节棍、三节棍;鞭类有钢鞭、绳镖，以及武术界已基本失传的拐子破枪和矛镰破枪。

其与众不同的表现在于：挂话拳法边说边打，口到手到；八卦拳法操练起来步走八方，阴阳分明；地躺功拳前摔后摔左右摔，旋子摔一气呵成，练功者却如铁人一般；梢子棍法操练起来左右手花，上打扎花盖，下打枯树盘根；三节棍法操练起来脚手相合，棍裹人、人裹棍，招招逼人，所到之处犹如排山倒海之势；钢鞭操练起来手花眼花、上花下花，腰花外加就地十八滚，鞭到之处犹如一堵墙。

绳镖的与众不同表现在：一路镖法，金丝缠脖；二路镖法，浪子踢球；三路镖法，单披红；四路镖法，双披红；五路镖法，老虎大夹尾；六路镖法，朝天一炷香；七路镖法，白蛇毒进；八路镖法，风卷残云；九路镖法，玉女穿梭；十路镖法，小鬼抹帽；十一路镖法，仙人脱衣；十二路镖法，猛虎归山；十三路镖法，叶里藏花；十四路镖法，老妈妈拐线；十五路镖法，大片马；十六路镖法，五花大绑。

拐子破枪的与众不同表现在：击破对方各个穴位，使对方防不胜防。

矛镰破枪的与众不同表现在：在搏击中能破解对方的软器械和刀枪剑戟等武器。

木兰鸿拳的主要特征为：

一、主要以弓步为主，上承禅法、下化武艺、掌拳并用、刚柔相济、攻守自如，天下无敌；

二、刚健有力，朴实无华，节奏严谨，舒展大方；

三、演练时“眼似闪电、目随手走、注目斜观”；

四、出拳两臂曲而不曲，直而不直，滚出滚入，运用自如；身以滚而起，起时望高，束身而起，落时望低，展身而落；步法稳固而灵活，足的进退紧随手，足随手起，手起足落；

五、木兰鸿拳架势较低，发劲短促，以掌法变化为主，多用暗劲。

相关器具主要有：拐子、矛镰、梢子棍、武狼棍、乾坤圈、长枪、锏、双节棍、三节棍、五节棍、月牙铲、虎头钩、龙须钗、绳镖、钢鞭、刀、枪、剑、戟、流星锤等。

木兰鸿拳，据文字记载已经经历了五代传人：第一代郭文武（1873~1936），第二代杨万一（1892~1964），第三代杨德献（1903~1978），第四代郭慎年（1917~2001），第五代郭明春（1957~）、林长友（1959~）、赵传亮（1954~）。

主要传承人有林长友、郭明春、赵传亮三人。三人自幼开始学习木兰鸿拳，尽得真传。林长友，1993年5月被商丘地区体委审批为一级拳师，教练员考核中被批准一级教练，现任益博学校体育教练，传授木兰鸿拳；郭明春1957年出生，高中文化，郭家的后人，木兰鸿拳的主要传承人；赵传亮，1976年在虞城县谷熟镇西王庄学校任教，专门教授木兰鸿拳。数年来，他们三人共传授弟子数百人，遍布全国各地。

1974年木兰鸿拳团队参加商丘地区武术表演赛，获团队优秀奖；1982年参加商丘地区武术表演赛，获优秀奖；1995年10月参加嵩山少林拳法同盟协会第二次全国代表大会武术比赛，获铜牌一枚；1997年11月参加中国少林拳法同盟协会第三次全国代表大会武术比赛，荣获二人对练第一名，金牌一枚；2015年参加在虞城县举行河南省“武协杯”传统武术比赛，荣获二人对练第四名，拳法第六名；2016年

表演大刀

表演木兰鸿拳

表演鞭技

木兰鸿拳所用器具

10 月 1 日木兰节武术表演中，该团队获奖牌两块。

木兰鸿拳原有完整的拳谱资料，后在“文革”期间丢失，但拳术套路一直流传下来，木兰鸿拳的第四代传承人郭慎年是一个对拳术十分痴迷的人士，在他患病不能说话、不能动弹期间，仍用筷子作为表演的武器，将木兰鸿拳的全部套路交与第五代传承人林长久。木兰鸿拳作为一种优秀拳术，不仅具有强身健体、护体等诸多功能，而且对于研究中国武术文化以及中国传统文化都有不可估量的价值和不可替代的作用，在搏击方面所独有的招式和理论反映了豫东武术文化的特点。

2017 年 9 月，木兰鸿拳被列入第五批商丘市市级非物质文化遗产名录。

伞　舞

伞舞（又名风火伞舞）是一种民间杂技艺术舞蹈，在虞城县乔集乡已经有百余年的历史。虞城县乔集乡刘楼村的杂技艺术，历史悠久，源远流长。中国杂技之乡有多个，就历史、民间基础与影响而言，刘楼杂技也是较为盛名的，有“杂技之乡”之美誉。

刘楼杂技的历史可以追溯到明朝时期，已经有 400 多年的历史。明朝末年，一支刘氏家人由山西洪洞县大槐树迁到现如今的商丘市贾寨镇周楼村。1590 年，刘氏叔侄二人由贾寨镇周楼村迁至虞城县乔集乡的刘楼村。那个年代，黄河泛滥成灾，土匪横生。刘氏家族随着人员的增多，他们筑寨墙、建炮楼、购枪刀、聘师爷，组建保家武装组织——大刀会，族内青壮少年均需习武，以防匪患。为安全起见，每到秋收过后，刘楼周边的冯庄、苗庄、文李庄等村的村民们带着他们的牛、粮食等贵重物品迁到刘楼村，与刘氏家人一起生活、习武，并慢慢将武术演变成杂技。刘楼杂技也就是在这种情况下演变而来的。

经历代传承，刘楼村的杂技艺术愈加精湛，门类愈加齐全。现在的刘楼杂技在原来的基础上，又创建和改进了许多新的节目，特别是尤为盛名并深受观众喜爱的风火伞舞——表演者需双手撑着一把没有布面的伞，让一个被点燃的风火圈在伞上滚动，此时风火圈像被施了

为群众表演伞舞

魔法一样开始“跳起了舞”,“伞舞（风火伞舞）”的名称恰恰是由此而来。

在表演时，表演者头戴草帽、身披黄色披风，可一人独秀，也可群伞绽放，形式多样。使用的道具一个是一把与众不同的伞——只有伞架没有伞面，另一个是点燃的火圈。别看道具简单，看点全在表演者精湛的技艺上呢！表演时，在伞瞬间快速舞动旋转时，把火圈放在伞上滚动，随着滚动，火圈展现出一道亮丽的火线。放下火圈把盘子放上去，凭着伞舞者的技术、技巧及功夫，盘子在伞上站着旋转。放下盘子，把小皮球放上伞去，让皮球在伞上快速旋转，如没有多年功底，稍有不慎，皮球就会滑落在地，更不要谈表演了。

伞舞具有极强的观赏性、趣味性，表演者一边舞动火伞，一边或说或唱，逗乐观众；表演速度的快速性，在伞上面的火圈、帽子、盘子、皮球等物品只有在快速旋转的伞上，才能呈现出稳定性；具有极好的

上　传授伞舞技艺
下　表演伞舞所有道具

上　练习伞舞（一）
下　练习伞舞（二）

平衡性，操控伞人、伞、伞上旋转的物品必须高度一致，才能展现出不同的艺术形态来。

伞舞的相关制品为：特制的服装，特制伞、火圈、盘子、皮球、布帽等。

伞舞，据文字记载已经经历了四代传人：第一代刘书（1857~1939），第二代刘万秋（1892~1972），第三代刘孝勤（1901~1995），第四代刘世田（1954~）。

2017 年 9 月，伞舞被列入第五批商丘市市级非物质文化遗产名录。

郭氏杂技

郭氏杂技起源于柘城县慈圣镇丁刘村，此项艺术从清末开始在郭氏家族传承，至今已传承五代，100 余年，在柘城一带具有较高的影响。

据传承人郭纲领追忆，他的曾祖父郭玉昌于 1901 年拜民间杂技班的一位师父（姓名失考）为师学习杂技，练得一手杂技绝活，跟随杂技班演出《蹬缸》《高空杂技》等绝技。后来，这手绝活先后为其祖父郭全知、父亲郭新民传承下来。郭玉昌在练习杂技时对子女要求很严，一旦入行，就必须练就一手绝活，再苦、再累、再难也得练习，即便是流汗、流血也不能计较。在此家训下，郭氏家族先后练就杂技艺人 30 余人。其中，郭新民学成之后在柘城县杂技团当教练，后来成为国家工作人员，曾在全国杂技比赛中荣获“百花奖”，在全省杂技比赛中荣获金奖，并多次出国演出。现在，郭氏杂技团分为 6 班常年在外演出，其足迹遍及全国 20 多个省、市、自治区，深受演出地观众的好评。

郭氏传统杂技种类繁多，内容丰富，主要有以下节目。

一、脚蹬大缸。道具是一口铁大缸，一个蹬缸的底座。人躺在座上，把大缸用双脚蹬起来，杠里坐一个成年人，杠上再坐一个成年人。

教学生学习独轮车

表演独轮车

表演蹬缸

表演顶碗

二、高车踢碗。道具是一辆独轮自行车，高 2.8 米，人骑在车上，一只脚踩单车，一只脚把碗踢到头顶的碗中。

三、万能脚技。道具是用一个盆子和家用的面粉，加水和面，最后切成面条，整个过程均用脚完成。另外还能用脚写大字、绘画、打电脑等。

四、手技。道具是火棒、手圈、沙袋球、羽毛球拍等，节目看完后让观众觉得眼花缭乱，无不说好。

五、鞭技。鞭是古代十八般兵器之一，讲究稳、准、狠，一次展示表演者的用鞭绝技。

六、爬杆。道具是用钢管 2 根或 4 根，考验表演者的体力、吸力、臂力等大型高空杂技。

七、大飞轮。这是一个用钢管和不锈钢管组合成的大型高空杂技，练习这个节目非常危险，需有两人或三人组合才能演出，是一个大型杂技节目。

这些高难度的杂技节目经过郭氏一代代人的艰苦的传承、探索和磨砺，在表演上体现了技巧与艺术的和谐统一。他们把民族风格与时代精神巧妙地融为一体，形成了以高、精、美为特色，以“刚柔相济、恢宏艳丽，惊险纷呈”为特点的艺术风格。观赏郭氏传统杂技，常使观众鼓掌叫绝。

郭氏杂技具有浓郁的地方特色。它产生于民间杂耍，在民间传承，多年来在艺术创新的同时，依然保持传统杂技的韵味，观看郭氏杂技常给人一种似曾相识，但又不乏新意，历久常新之感。特别是高空杂技，观之惊险、紧张而表演者又能绝处逢生，充分显示出了表演者惊人的技巧。杂技内容精彩，手、身、法等绝活引人入胜，演出时老少观众喜闻乐见，不管是在大型场合演出或者是在乡村街市土台表演，处处受群众欢迎，是群众文化生活中不可缺少的一种娱乐项目。郭氏杂技以家族式传承，必须自幼演练，从而练就一身高超的绝技，方能为观众表演，是一种真功夫、真本领。

郭氏杂技的相关制品为传统道具高车、独轮车、转轮等。郭氏杂技保留节目有《蹬大缸》《高车》《单车技巧》《手技杂耍》《万能脚》《鞭技》《爬杆》《杠杆》《大飞轮》等。

郭氏杂技，据文字记载已经经历了五代传人：第一代郭玉昌（1890~1948），第二代郭全知（1930~1980），第三代郭新民

（1952~2015），第四代郭纲领（1975~），第五代郭梦雷（1996~）、郭梦丽（1997~）。

主要传承人郭纲领，郭氏杂技第三代传人郭新民之长子，初中文化。15 岁跟随父亲郭新民学习杂技，并进柘城县杂技团参加工作，主演《鞭技》《单车》《爬杆》《双车》等绝技。1986 年离开杂技团，自己组团演出杂技至今，曾跑遍全国 10 余个省份开辟杂技演出市场，其杂技绝活至今常演不衰，令观众叫绝。

郭氏杂技在柘城县已成为杂技世家。目前，郭家从事杂技演出的演员有 25 人，成立有“华娜大马戏团”、“平波马戏团” 2 个杂技团，年均演出杂技专场 50 余场、受邀演出杂技节目 200 余次。

2017 年 9 月，郭氏杂技被列入第五批商丘市市级非物质文化遗产名录。

赵氏魔术

赵氏魔术起源于柘城县牛城乡牛城村，从清末开始在牛城村赵家家族中传承，至今已传承五代，100 余年，在柘城一带乃至郑州市很有影响。

据主要传承人赵欣德追忆，他的曾祖父赵留成于 1896 年拜巨野民间杂技班的一位师父（姓名失考）为师学习魔术，学得《三仙归洞》《大变活人》《绝处挣脱》《大变金钱》《二仙棒》《就地拔杯》等 10 多项魔术，逐步练就一手魔术绝活，并在魔术班演出魔术。后来，这手绝活先后被其祖父赵宏凡、父亲赵国营传承下来。

赵氏传统魔术种类繁多，内容丰富，主要有以下几个节目。

一、三仙归洞。道具是两只碗，三个球，一根筷子，让观众近距离观看。在演出时，三球的归属神出鬼没，让人眼花缭乱，目不暇接。

二、二仙棒。道具是两个木棍，上系四个绒球，演出时绒球的上下翻飞，令人眼花缭乱，神奇无比。

三、大变活人。道具为一个木箱，把演员装在口袋里，扎口放在木箱里，与箱外演员互换后经观众检查，无懈可击。

上　　2016年秋，赵欣德在文化惠民乡村行活动中演出《变鸽子》

下　　表演魔术

2017年秋，赵欣德在郑州市表演《通天绳》

四、九连环。道具是 6 个铁环，变化出 10 多种造型。

五、罩子。道具是两个空铁桶来回变换，能变出 10 多种物品。

六、通天绳。大绳 1 根，长八米，经观众检查后，放入篓子中，绳子自动升高 70 厘米，提起篓子检查，放到地上，绳子升高 8 米。少年儿童可以沿着绳子攀爬，下来后绳子突然落下，变软。

这些魔术节目经过赵氏一代代人的传承、探索和磨砺，在表演上体现了技巧与艺术的和谐统一。

赵氏魔术发源于民间魔术杂技团体，具有民间传统风格和豫东文化特色。特别是经过赵家几代人的传承，赵氏魔术节目已经成为豫东魔术文化的代表。因其以魔术手法的快捷取胜，人多誉其为“仙手”“快

上　赵欣德与埃塞俄比亚大使近距离表演《三仙归洞》
下　赵欣德举办第一届魔术培训班

手”。但赵氏魔术也有以“慢”取胜者，以慢制胜。相对来说，慢比快的难度更大，因为快更便于对破绽的掩饰。而赵氏魔术却让观众近距离地从慢节奏表演中取得魔幻效果，不留破绽，这正是其令人叹服之处。赵氏魔术突出地表现了口才相连的演艺特点，他们借用了相声语言，妙语连珠，充满诙谐，讲求包袱，抖笑料，不断给观众带来笑声，大大渲染了现场气氛，增强了艺术效果。

赵氏魔术，据文字记载已经经历了五代传人：第一代赵留成（1883~1948），第二代赵宏凡（1909~1980），第三代赵国营（1928~2015），第四代赵欣德（1949~），第五代赵桂云（1971~）、祖建军（1970~）。

主要传承人赵欣德，自幼跟随父亲赵国营演出魔术，高中毕业后进入柘城县杂技团，成为一名魔术演员。1990 年任柘城县杂技团团长。2000 年，赵欣德以郑州市为大本营，以优秀的魔术节目活跃在国内外舞台。2002 年注册“郑州魔幻推广有限公司”，2003 年到哈萨克斯坦参加国际马戏节荣获“特别奖”。2004 年全国魔术大赛荣获“金像奖”。2012 年赴韩国参加世博会演出，2013 年随文化部艺术团赴非洲慰问演出。

赵欣德的魔术多以手法的快捷以及幽默语言的诱导取胜，人多誉其为“仙手”“快手”。但赵欣德的另外一些魔术却反其道而行之，以慢制胜。这类魔术的代表节目有《二仙棒》《三仙归洞》等。近年来，赵欣德在传承魔术的基础上创作了《美女变老虎》《人体二分》《无遮拦电锯活人》等节目，更加惊险奇妙，更让观众叹服。

2017 年 9 月，赵氏魔术被列入第五批商丘市市级非物质文化遗产名录。

五行功

五行功是一套古老的养生术，据传是唐代著名医学家孙思邈在百岁时所创，从以下几点可以看出其历史渊源。第一，据《旧唐书》记载，孙思邈孙子孙溥曾在徐州下辖的萧县任县丞，而这套五行功正是出自萧县孙氏。第二，五行功的全套动作明显带有隋唐痕迹，与宋明时期的养生功法有很大区别。第三，五行功中的某些动作明显含有佛家和道家的内容，这与孙思邈精通佛道有关，《千金方》中也有有关佛道的养生功法。第四，此套功法只在萧县孙姓一支中流传，且传承人多为中医，较清晰的传承也有几百年（见谱系）。

孙思邈五行功包括五项内容，按金木水火土五行分为金术、木术、水术、火术、土术。金术，即吐纳术，以肺脏调理为主；木术，即导引术，以肝脏调理为主；水术，即禅坐术，以心肾调理为主；火术，即固本术，以强肾固本为主；土术，即站桩术，以脾胃调理为主。每术自成一体，五术合而为一。有动，有静，有空手，有器械。它从肺脏调理开始，金木水火土，心肝脾肺肾，循环渐进全面调理五脏六腑，恢复人体的阴阳平衡，从而达到祛病健身的养生目的，是一套完整而系统的保健祛病、延年益寿的高端养生功法。

五行功全套功法动作简单古朴，但养生效果显著；把固本术作为

练习五行功（一）

练习五行功（二）

传承人带授徒弟

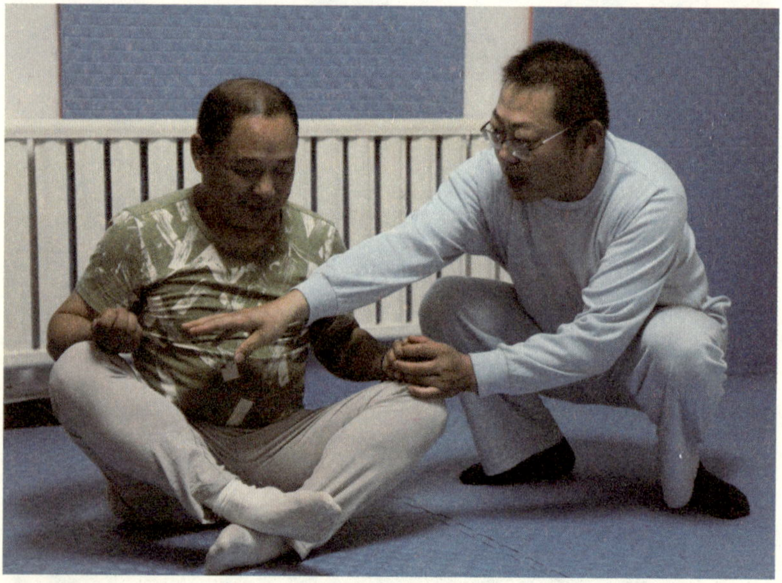

指导学生练习

功法的一部分是五行功与其他功法的最大区别；特别强调呼吸的重要性，把呼吸贯穿整套功法；特别强调整体的重要性，重视养生的全面与系统；以医家养生特征为主，兼取各家之长；五部分各自成一体，又环环相扣，针对性较强。

孙思邈五行功与孙思邈在《千金方》中公布的六字诀养生功法相比，养生效果更全面、更高效。孙思邈五行功主要针对中老年人养生保健和慢性病患者康复训练。其在美容减肥、心脑血管疾病、骨关节病、前列腺疾病、性能力提升等方面具有较高的医疗保健价值。

五行功，据文字记载已经经历了五代传人：第一代孙光佑（不详），第二代孙照宗（1877~1958），第三代孙朝云（1919~2010），第四代孙殿信（1933~2013），第五代：孙海燕（1965~）。

主要传承人孙海燕，族名孙文立，从事孙思邈五行功学习研究多年，具有深厚的理论功底和较强的功法传授能力，是目前全面掌握孙思邈五行功功理、功法的传承人。

2017 年 9 月，五行功被列入第五批商丘市市级非物质文化遗产名录。

赵堡太极拳

赵堡太极拳是明朝万历年间由一代宗师蒋发所创，自明末清初传承以来已有 400 多年历史，后经历代传承延续到第七代宗师陈清平。清朝咸丰年间安氏第十六世祖安宗正（例授昭武将军），以家传绝技和赵堡太极传人陈清平交换拳技而得。赵堡太极拳传于安氏十六世祖安宗正，后经安振南—安景元—安作璞—安呈林历代传承延续至今，在商丘安氏家族秘传 100 多年之久。赵堡太极拳历经十二代传承，经历代宗师的研修体悟，其理论更加完善，功法更具科学性。

赵堡太极拳的创始，是基于传统文化的道家思想、儒家文化，以中医哲理为骨架，以阴阳学说为内家太极拳之哲学思想基础。王宗岳《太极拳论》曰："太极者，无极而生，动静之机，阴阳之母也"，其对于爱好者，意、气、形、神的修习符合人体生理心理的需求，对人身心健康有着极为重要的促进作用，是一种非常特殊和典型的符合科学规律的人类社会实践活动。

赵堡太极拳博大精深，有赵堡太极七十五式、秘传太极十三式，分筋错骨术、点穴秘术、练气秘法；器械有太极剑、太极枪、太极大杆。赵堡太极修炼在中、正、平、圆、松、慢、匀、转的运动过程中，通过自身立体交叉圆的三维运动，长时间的磨合，而达周身一家，浑

武当赵堡太术拳历
张三丰——云游道人
——王宗岳——蒋发
——张楚臣——陈敬
——张彦——陈清
——和庆喜——
郑钧、刘瑞——安
轻灵匀和 <修炼要领>
刚柔粘滑 <技击特点>
<修道程序>
<养生效果>

传承人安呈林

圆一气之道。其特点是小、巧、近、快、刚、柔、黏、滑。

赵堡太极拳理论有王宗岳师尊的专著《九要论》《太极行功歌》《捷要论》《运天机轮》《五字诀》《撒手法》，还有《论推手》《论擒拿法》和《论卸骨法》等著作，修炼套路有桩功，太极十三势、七十五式及器械等。

拳架的演练遵循三直、四顺、六合、四梢。三直即头直、身直、小腿直。四顺即腿顺、脚顺、手顺、身法顺。六合即手与足合、膀与胯合、肘与膝合，此为外三合；心与意合、气与力合、筋与骨合，此为内三合。四梢即牙为骨梢，舌为肉梢，发为血梢，指为筋梢。

赵堡太极拳架轻灵柔活，动作舒展大方，演练时，步活圈圆，环环相扣，无明显发力动作，套路贯穿，有柔有刚。在掌握套路后，即逐步化圆为圈、由简到繁，提高技巧难度。在走技方面擅长拿、跌、掷、打、靠诸艺，又有各种擒拿与反擒拿动作，融于套路中，使其技击特点甚为突出。在推拿方面，以二人立步推手，以练掤、捋、挤、按之动作；活步推手，以练采、列、肘、靠之法。

在技法上，有完整的四十八法，即上、中、下三盘秘法。上盘功夫，掤、捋、挤、按、采、挒、肘、靠、攥、扣、锁、撅、跌、挫、扯、掷；中盘功夫，起、落、进、退、腾、闪、圆、转、含、拔、通、挺、环、管、吞、吐；下盘功夫，缠、跪、挑、撩、劈、壁、挂、蹬、勾、掰、截、点、绷、趾、滚、蜷。其上乘功夫要求凌空劲的无形弹放，真正做到以静制动，使犯者应手即扑。

赵堡太极拳无论是拳架、推手，还是散手、擒拿，都充分体现了中国武术抗敌御敌的水平，体现了“以静制动，后发制人”、“四两拨

上　表演长枪

下　表演长刀

上　传承人带授练习（一）
下　传承人带授练习（二）

千斤”阴阳对立统一的上乘境界。其招式式式皆为画圆，走圆，整个拳架是从先转大圈后小圈，犹如春蚕抽丝连绵不断，里有顺圈逆圈组成。以身而言，有以手化圆，以肘化圆，以胸腹化圆，以膀化圆和以胯化圆，丹田转动，此乃一圆化太极。赵堡太极讲究中正平圆，轻灵柔活，小巧近快，刚柔黏滑，以武演道，动静相兼，动以修身（命），静以修性，性命双修。

赵堡太极拳集佛、道、儒、医等学科之精华，融于拳式套路之中。阴阳文化是太极拳之根，传统医学是赵堡太极拳养生的理论基础，儒家思想传统美德，赋予了赵堡太极拳独有的神韵。习练赵堡太极拳自始至终要虚领顶劲，涵胸拔背，沉肩坠肘，正腰落胯，松膝吊裆。运动时呈现松慢圆匀之势，练时心要静，身要正，体要松。

赵堡太极拳相关实物有赵堡太极拳七十五式拳谱、赵堡太极拳十三式拳谱、太极剑剑谱以及器械若干。

赵堡太极拳，据文字记载已经经历了十二代传人：第一代蒋发（1574~不详），第二代邢喜怀（1595~1667），第三代张楚臣（1611~1691），第四代陈敬伯（1663~1745），第五代张宗禹（1724~1807），第六代张彦（1765~1843），第七代陈清平（1795~1868），第八代和兆元（1810~1890）、安宗正（1811~1879），第九代和庆喜（1861~1936）、安正南（1857~1928），第十代郑悟清（1895~1984）、安景元（1895~1982），第十一代郑钧（1933~2016）、安作璞（1933~），第十二代安呈林（1964~）。

主要传承人安呈林，赵堡太极拳第十二代正宗传人，自幼喜好传统文化，跟随祖父习练家传赵堡太极拳。祖父过世后，随商丘市武协副主席苏振江习练查拳、弹腿等教门拳械。八十年代中期随赵堡太极拳第十一代传人郑钧习练赵堡太极拳。九十年代又跟随赵堡太极拳第十一代另一传人刘瑞学习，全面继承了赵堡太极拳精髓。为将赵堡太极拳进一步发扬光大，使这一优秀拳种在豫东大地根深叶茂、开花结果，并传播到海内外，他在全国各地广授拳法，从学者众。其高超的拳道，热情而又认真的教学态度，深受广大学员的爱戴和欢迎。他先后带徒参加各级武术锦标赛，取得了优异的成绩，论文《武当赵堡太极拳气沉丹田杂谈》发表在国家一级刊物《武魂》杂志上，《浅谈太极拳的创始原理》获杰出贡献奖。

2017 年 9 月，赵堡太极拳被列入第五批商丘市市级非物质文化遗产名录。

传统技艺

桑葚酒传统酿造技艺

桑葚酒传统酿造技艺起源于清道光二十九年(1850)黄河故道南岸，民权县程庄镇的楚庄村。当时创始人陈自荣种了几亩桑园，制作桑杈卖个零花钱，养家糊口。桑葚成熟时，他用成熟的桑葚榨出汁液，放入陶坛中，制出了第一坛口感好、健身效果好的桑葚酒，后来经过几代人的不断探索总结，形成了自家独特的酿酒技艺。

桑葚酒酿造的每一道工序都十分讲究。

一、制麦曲：谷物筛选去杂，粉碎，配料，制麦曲。

二、制糖：谷物碾米，培育大麦芽；泡米，蒸米；碾碎大麦芽；按一定的比例搭配后，拌均匀，加水保温，糖化，淋浆，熬制成糊状。

三、采摘桑葚：选果、清洗、消毒、榨汁、发酵、过滤、加糖、热杀、灌装等。

四、桑树栽培：选地、育苗、种植、管理桑园。桑树性喜沙质土壤，要求昼夜温差大，光照时间长，黄河故道的条件正好适合桑树的生长要求，它生产的桑果汁多，营养丰富。酿出的桑葚酒，口感丰富，香味满口，丰富协调。

传承人陈立祥

制作酒曲

桑葚酒

桑葚酒的主要特征有两点。

一、桑葚酒属绿色环保饮品，不勾兑任何化学物品，色香味俱佳；含多种微量元素，具有强身健体的保健特征。

二、桑葚酒不含工业酒精，纯天然酿造，仅有13度，即使饮用过量，也不会对人体造成伤害，所以具有饮用安全可靠的特征。

桑葚酒酿造用料主要有:豌豆、大麦、桑葚、麦芽糖等。器具主要有:铁锅、小口陶坛、储酒罐、细箩、石磨、石碾、曲模、尿脬（动物膀胱）、羊皮、柴草等。酿造的系列产品有：桑葚酒、桑葚蒸馏酒 。

桑葚酒流传至今已有150多年的历史，经历了七代传人：第一代陈自荣（1818~1898），第二代陈德远（1838~1910），第三代陈玉山（1868~1950），第四代陈家兴（1904~1983），第五代陈广忠（1935~），第六代陈立祥（1958~），第七代陈国栋（1983~）、陈书君（1987~）。

经历七代传人的发扬光大，桑葚酒已成为当地颇有名气的健康饮品，形成了口感好、酸甜香辣等多种口感的桑葚系列酒。如桑葚葡萄酒、桑葚五粮蒸馏酒，具有补血、补气，乌发固肾、软化血管、促进新陈代谢等健身效果。

桑葚酒传统酿造技艺主要传承人陈立祥（桑葚酒传统酿造技艺的第六代传人），一生致力于桑葚酒的酿造和传承，坚持用传统工具，如石磨、石碾、铁锅、小口陶坛等，竭力于原汁原味地传承祖辈传下来的桑葚酒传统酿造技艺。他一丝不苟地从事桑葚酒的酿造，其产品供不应求。由于桑葚是季节性的果品，酿造桑葚酒只能在桑葚成熟的农历四月份，酿成后把成品放在陶坛中储存。陈立祥在酿酒行业中享有较高的声誉，俗称“果酒陈”。

上　2018年5月陈立祥参加商丘市魅力中国城“非遗”展示活动现场（一）
下　2018年5月陈立祥参加商丘市魅力中国城“非遗”展示活动现场（二）

2017 年 9 月，桑葚酒传统酿造技艺被列入第五批商丘市市级非物质文化遗产名录。

汤都红粘谷酒传统酿造技艺

中国酒文化历史源远流长，根据历史考证杜康发明秫酒的虞国便是今日的虞城，这里的农民有自己酿造小酒的习惯，这种自酿的小酒叫酩馏酒，也称明馏酒或者酩流酒。

虞城县是少康中兴之地的伦城故地，是中国最早发明秫酒的发源地之一。这里的酒文化历史悠久，在很久之前，当地的农民就掌握有一套很成熟的制曲酿酒方法，以大麦、小麦制曲，红粘谷为主要原料酿制米酒。用传统的方法酿造的红粘谷酒主要以备农闲时间自娱自乐，招待客人。红粘谷酩馏酒口感好，味道美，而且还具有五谷发酵后的香味。喝时筛一下（用专用酒壶加热），绵甜爽净，饮用后浑身发暖，神清气爽，酒香荡气回肠。

红粘谷酒酒色乳白，营养丰富，味道香醇，入口柔和，回味温馨，久储不淡，越陈越香。中医认为红粘谷酒具有温暖脾胃、温通血管、活血化瘀、温经散寒的作用，并有很多用酩馏酒作药引的医案。红粘谷酒属低度白酒，用料天然，不经酒精勾兑，为原生态纯谷原酒。虞城县汤都红粘谷酒传承于杨氏家传秘方的基本酿造方法，酿造工艺复杂，原料、器皿、蒸馏方法的掌握比较讲究，技术要求精湛，并且具有自己的红粘谷种植基地。采用纯粮红粘谷酿造、面曲发酵、地锅蒸馏的传统工艺生产，纯天然，纯手工制作，无任何添加剂、防腐剂等，对人体更有益。红粘谷酒夏季直接饮用，甘凉清爽、消疲降暑；在冬季加热至50度口感最佳，谷香浓郁、回味悠长。汤都红粘谷酒创造了“白酒热饮，健康饮酒新时尚”的养生理念。

红粘谷酒制作粮食原料：红壳粘谷俗称“红粘谷”，脱壳备用。

红粘谷酒制作工艺流程如下。

一、制曲。小麦、大麦、豌豆、绿豆，四种粮食按照比例添加并粉碎掺均，然后加水、老酒曲、手工酵子，搅拌均匀后压制成砖样大小或者馒头状的曲块，移入曲房，经过自然发酵和几次放风，大概一月之后酒曲成熟，入蒸笼内蒸熟，用袋子将其封装放入发酵室内，具体时间依据气候和温度而定，待酒曲成熟之后粉碎待用。

红粘谷酒所用谷物

上　制作酵子
下　熬制小米

上　酿酒过程（一）
下　酿酒过程（二）

二、发酵。大锅内开水倒入粮食，待粮食黏糊，出锅移入发酵缸，待温度合适将酒曲按比例加入并搅拌均匀，以利发酵。大概一个半月发酵成熟，无固定规律可循，因和温度、气候关系甚大，只能凭借经验勤观察。

三、蒸馏。将发酵好的红粘谷移入地锅内，封闭连接冷却缸，文火烧开蒸馏，再将蒸发的酒蒸汽导入冷却缸，酒气经冷凝成液体，顺入缸中，用酒精计测酒度数，过滤成品。

四、存储。七分好酒三分存，蒸馏好的红粘谷酒放置在特制透气的存酒缸内，入恒温室内接地气封闭存放。

“汤都红谷”红粘谷酒酿造器皿有大口陶缸数个（发酵用）、蒸馏地锅（煮米、蒸馏用）、双层瓦缸数个、竹筒数个、水勺、酒瓮、酒精计、桶、秤等。

汤都红粘谷酒至今已经经历了十代传人：第一代杨洪远（1779~1832），第二代杨宗顺（1799~184），第三代杨林魁（1821~1887），第四代杨纯功（1841–1894），第五代杨喜凤（1860~1929），第六代杨孝义（1882~1938），第七代杨廷露（1903~1965），第八代杨克让（1925~2005），第九代杨明领（1952~），第十代杨威（1981~）、杨坤（1978~）、汤凯（1988~）。

第十代主要传承人杨威，18 岁参军，26 岁时秉承父亲杨明领保护和发展红粘谷酒的理念，一直用红粘谷做酒至今。他所酿造的红粘谷酒红遍虞城，很受消费者青睐。自 2011 年开始，他成立了合兴专业种植合作社，专业种植红粘谷；并和多家酿酒传承人交流酿造秘方，潜心进行研究开发，在家传秘方的基础上，融入现代科技新技术方法。

经国家检测验证，他酿造的酒保留了传统红粘谷酒的色、香、味，且各项指标全部达标。

2017 年 9 月，汤都红粘谷酒传统酿造技艺被列入第五批商丘市市级非物质文化遗产名录。

千层底布鞋传统手工制作技艺

据考证，手工千层底布鞋在中国已经有 3000 多年的历史。中国最早的千层底布鞋始于周代。从山西省侯马市出土的 3000 多年前周代武士跪像的鞋底上，明显可见一行行规整的线迹，与现在的手工纳底布鞋完全一致，它表明 3000 多年前的周代，纳底布鞋已经被使用。纳底布鞋发展到清代，进入了全盛时期，造就出驰名中外的“千层底”，无论是造型、材料和技艺方面都有了较大发展。手工纳底，具有柔软舒适、透气吸湿的特性，深受中国百姓喜爱。从抗战时期的八路军士兵，到新时期的解放军战士，都对它爱不释脚。改革开放以后，布鞋逐渐淡出了鞋类市场的主要舞台，但依旧保持着巨大的生命力。进入 21 世纪后，人们的观念趋向自然和健康，怀旧也成了现代人心底共存的一份情结，穿上一双合适的布鞋，成了很多现代青年男女追赶的时尚潮流。如今，布鞋正在时尚转身成为“中国鞋”的代表，回归到每个国人的日常生活中。

虞城的手工布鞋深受消费者的喜爱，首先，因为它是一种文化，一种在中国有着几千年历史，融入了亲情、爱情等多种情感因素的文化。它表现了中国人的智慧和勤劳，是中华民族的文化瑰宝，我们的责任就是把这种文化发扬光大，推向世界。其次，手工布鞋所有用料均为

上　工具

下　晒袼褙

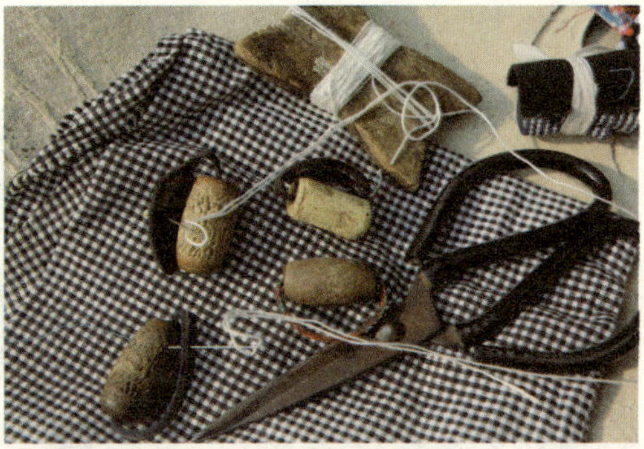

全棉布料，鞋子工艺精湛，款式美观大方，质地经久耐用、穿着舒适、轻便，无任何化学成分和原料，是环保型的绿色产品。千层底布鞋柔软舒适，透气吸湿，穿着舒适，轻便防滑，冬季保暖，夏季透气。长期穿着有养脚健身、防止脚臭、医治脚病等作用。每双布鞋需经过选材料、绘样式、裁底样、抹袼褙、裹鞋边、纳鞋底、锤铺底、加胶底、画鞋帮、绱鞋、填鞋楦、检验包装等多道工序，这些工序都极其繁杂。

虞城的千层底布鞋传统手工制作技艺至今已经经历了六代传人：第一代吴高氏（不祥），第二代吴刘氏（1896~1968），第三代吴赵氏

上左　画鞋样
上右　绱鞋
中　缝制鞋帮（一）
下　缝制鞋帮（二）
右　向老人请教缝制方法

（1921~2002），第四代魏秀莲（1942~），第五代杨喜凤（1961~），第六代吴素平（1985~）。

千层底布鞋传统手工制作技艺主要传承人吴素平，在原有的手工布鞋生产的基础上成立了公司，主要制作各类千层底布鞋。通过培训村里留守妇女和老人，她们熟练地掌握了制作千层底布鞋的工艺。吴素平不仅为农村剩余劳动力找到了一条致富途径，还带动了周围贫困家庭走上了脱贫之路。

2017 年 9 月，千层底布鞋传统手工制作技艺被列入第五批商丘市市级非物质文化遗产名录。

乔集烧牛肉传统制作技艺

虞城县乔集刘家正宗烧牛肉，产于虞城县乔集乡乔南村，是豫东传统名吃。光绪年间，宁阳集村民刘殿卿迫于生计，以加工、销售烧牛肉为生，在宁阳集东边的大桥上售卖，由于做的红烧牛肉味道鲜美，营养价值高，常常供不应求。作为传统名吃、传统技艺，影响深远，在豫东、皖北、鲁西南以及苏北等地享有盛名。

乔集刘家加工的牛大都来自个体饲养，吃的草无污染，不加任何合成饲料，符合当前人们提倡的绿色环保的饮食卫生标准。其制作的烧牛肉呈酱紫色，肉质细嫩、清香鲜美、香而不腻，烂而不散，具有补气补虚、养血安神、益肾壮阳、强筋壮骨之功效，是一种高蛋白、低脂肪、低胆固醇肉类，一般人群均可食用。

虞城县乔集刘家烧牛肉作为豫东名吃，至今仍是传统的手工制作。牛肉是现杀现煮，分解成块，下入大料进行腌制，不加任何色素。俗语："要想肉味香，佐料配适当。"乔集烧牛肉之所以远近闻名，主要体现在佐料的选配和煮肉的火候掌握上。地锅煮，劈柴火烧，煮 5~6 小时后出锅。这样肉香味美，烂而不散。

乔集烧牛肉制作步骤如下。

上　腌制牛肉

下　制作烧牛肉所用佐料

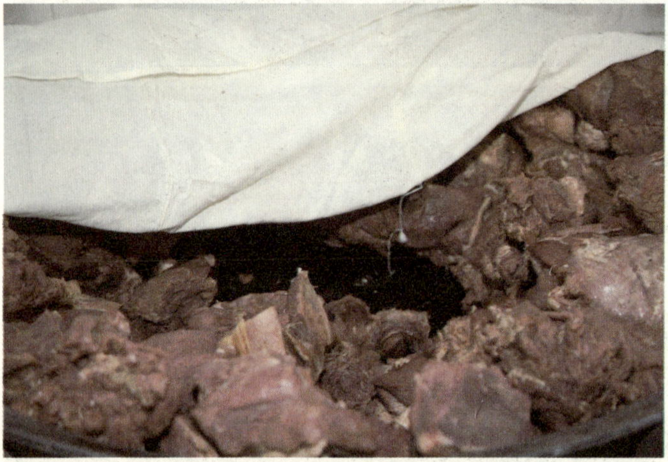

上　煮制烧牛肉
下　制作好的烧牛肉

一、现杀鲜牛肉，冲洗干净，分解成块。

二、精选佐料，元茴、花椒、凉姜、白芷、桂皮、小茴六种。选择干、鲜、果实饱满、无霉坏佐料，保证佐料味实味正；选择精细食盐，适当配料，进行腌制。

工具

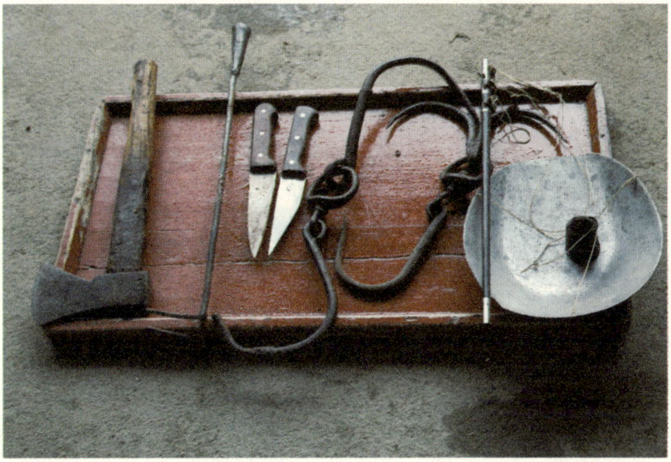

三、制作工艺：牛肉洗干净，切块，拆骨，劈柴火煮6个小时以上，几乎把牛肉的水分都煮出来，捞上肉架晾干，一斤生肉只能出半斤熟肉。

乔集烧牛肉1984年至1994年，连续11年被商丘地区工商物价局评为“商丘地区个体饮食风味小吃优质名牌”。1984年刘玉洁（商丘市地委书记）为乔集烧牛肉题字。2000年乔集烧牛肉荣获“全国乡镇企业经贸洽谈暨产品展销会金杯奖”。

乔集烧牛肉有关工具有：锅、刀具、锤子、叉子、笼屉、肉架、独轮车、称等。

乔集烧牛肉传统制作技艺至今已经经历了五代传人：第一代刘殿卿（1886~1946），第二代刘金稳（1923~1992），第三代刘迷成（1951~），第四代刘建党（1970~），第五代刘奇（1993~）。

2017年9月，乔集烧牛肉传统制作技艺被列入第五批商丘市市级非物质文化遗产名录。

扎刻传统制作技艺

扎刻是典型的汉族传统手工技艺。扎刻的基础是锁扣，锁扣类似于鲁班锁，历史悠久且传播很广。据说锁扣也是出自鲁班之手，因为大木难于咬合旋转，没有在古代建筑中得到应用，只是在民间用高粱莛子咬合的蝈蝈笼、小鸟笼子中得到广泛应用并传承下来。据记载，明朝建的故宫角楼的设计灵感就是来源于蝈蝈笼。清朝人喜欢蝈蝈，蝈蝈笼成为锁扣工艺的主要产品。

扎刻传承人张红兵，从小就跟家里老人学用高粱莛子扣蝈蝈笼、小鸟笼子。1998 年大学毕业后，成为虞城县贾寨镇的一名普通教师，除了兢兢业业教书育人外，业余时间凭借自己的兴趣爱好，在祖父、父亲的指导影响下，对传统手工扎刻技艺进行了大胆的探索和创新。由于现在人们大多不再种植高粱，在学习扎刻制作的过程中，张红兵渐渐陷入了找不到足够高粱莛子的尴尬境地。也许是机缘巧合，也许是念念不忘必有回响，他看见筷子厂在路边晒竹条（未截的一次性圆竹筷子），就开始尝试用竹条做扎刻的主要材料，逐渐把传统的秸秆扎刻发展为筷子扎刻，解决了材料短缺和材料尺寸不一的问题。

从传统的蝈蝈笼到工艺精湛的古代建筑模型，主要传承人张红兵用一根根竹条筑起亭台楼阁，用自己的兴趣爱好和精益求精的态度延

右上　画图
右中　扎刻制作过程（一）
右下　扎刻制作过程（二）
下右　扎刻制作过程（三）
下左　教授学生扎刻技艺

上　扎刻作品（一）
下　扎刻作品（二）

续着传统手工扎刻技艺。张红兵的扎刻技艺传承了锁扣技艺，并把锁扣技艺发挥到了极致。

扎刻工艺品件件精工细作、精美绝伦，特别是古建筑模型把中国古代建筑的高贵典雅和富丽堂皇展现得淋漓尽致、惟妙惟肖，彰显了中国传统手工扎刻技艺的魅力！扎刻工艺品的制作过程有许多工序：设计图纸，准备材料，画线，开槽，截断，加热握弯竹条，咬合主体，打孔，插竹签固定屋顶，制作门窗、吻兽装饰，加热蜂蜡对作品整体防护等。针对让人头疼的工序——开槽，张红兵自制开槽工具，解决了开槽难、开槽不到位的难题。

传统手工扎刻工艺品不仅艺术观赏价值高，科学研究价值、学术价值也很高，涉及几何学、物理学、力学、建筑学等，被西方学术界誉为“东方构成学的典范”。高超的技艺水平和不朽的艺术价值，充分体现了劳动人民的卓越才能和艺术创造力。

扎刻是典型的汉族传统手工技艺，是一代代民间艺人心口相传的智慧与技艺的结晶。扎刻工艺品主要有以下基本特征。

一、稳定性。六根咬合成的锁扣非常牢固，不怕摔，摔不散。

二、严密性。用锁扣咬合而成的古建筑主体，结构巧妙，严丝合缝且不用一滴胶。

三、制作工艺保持以往的传统性。不用辅助工具，用“扎”的手法制作的作品，不用一颗钉子。

四、唯一性和欣赏性。古建筑都可以通过扎刻的形式按照一定比例创作出来，而且整件作品与古建筑有异曲同工之妙，极具观赏性。

由于传统手工制作，每一件扎刻作品在全世界都是唯一的、独特的。

扎刻相关制品原料有竹条、竹签、圆木棒等。主要工艺品有《知春亭》《双子亭》《六角亭》《“四世宫保”坊》《故宫角楼》《会仙楼》《“商”字》等。

扎刻传统制作技艺至今已经经历了七代传人：第一代张义堂（1865~1947），第二代张百兴（1887~1968），第三代张运昌（1908~1989），第四代张付新（1929~），第五代张学书（1952~），第六代张红兵（1976~），第七代张雅（2000~）、张情（2007~）。

主要传承人张红兵，2016年5月参加第八届中国国际旅游商品博览会，扎刻作品被浙江“金华瞭望”栏目作为河南馆的代表报道。2016年9月参加了中原中秋文化节展览。2016年10参加了商丘国际华商文化节。2016年10月参加了中原（鹤壁）文博会。张红兵的传统手工扎刻技艺被网易新闻、虞城网、大象网、虞城电视台等多家媒体报道。

2017年9月，扎刻传统制作技艺被列入第五批商丘市市级非物质文化遗产名录。

鸡爪麻花传统制作技艺

据《周氏族谱》记载，鸡爪麻花传统制作技艺开始在王家传承。清代雍正年间，当时的监察御使、刑部左侍郎刘慎把鸡爪麻花进贡给雍正皇帝。雍正吃后，甚为满意，遂把它作为贡品让御膳房月月进贡。安平集王家世代以烹炸鸡爪麻花为业，手艺传男不传女。但在清乾隆年间传至王安平一辈时，王家没有子嗣，只有一女，自幼指腹为婚嫁与周家，就把技艺传给了周家。从此，正宗的王家鸡爪麻花就成了周家鸡爪麻花。现已在周家传承十二代，260 余年。

周家鸡爪麻花所用的原料：优质小麦面粉、精盐、香油、鸡蛋、碱等。其传统制作工艺如下。

第一步是和面。选用优质小麦面粉，每斤面八钱香油、三钱盐、适量碱。先将盐、碱用温水化于盆中，加面后，两手将面抄成穗，再加入香油和引酵。再揉，将面揉到光滑为止。稍停，待面发起后，放在案上，刀切成块，搓成长条，粗细如筷，四股一剂，掐取两寸长一段，拧成鸡爪形状下锅。

第二步是下锅。先把锅内香油用适宜的平火烧开，将制成的麻花放在油锅内，把麻花炸至杏黄色，在锅内不出泡时，捞出即成。

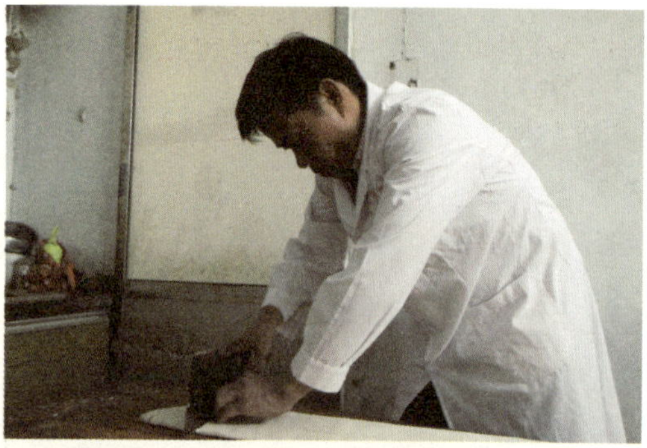

上左　鸡爪麻花所用面坯
上右　炸制鸡爪麻花（一）
中左　炸制鸡爪麻花（二）
中右　炸制鸡爪麻花（三）
下左　炸制鸡爪麻花（四）
下右　成品

其制作要点有句术语，即“三分炸家，七分捞家”。好的捞家，关键在于掌握火候。麻花下锅多少、出锅快慢、色度深浅、酥脆程度等技术要领，非是行家传授和长期实践，难以达到。周家烹炸鸡爪麻花全部使用纯香油，完全按照祖传工艺，所炸出的麻花风味与祖传的麻花风味一致。其特点是油光透亮、香脆酥焦，形似鸡爪。其成品嫩黄，油光透亮，风味独奇。此外，鸡爪麻花不易变质，盛于塑料袋内密封，存放半年仍然酥脆如故。即使浸泡在开水里十几分钟，其焦香不减，一如新出。

鸡爪麻花传统制作技艺至今已经经历了十二代传人：第一代周王氏（雍正年间），第二代周宗宾（乾隆年间），第三代周源翰（乾隆、嘉庆年间），第四代周波（嘉庆时期），第五代周西贵（道光年间），第六代周文斌（咸丰年间），第七代周大江（同治、光绪年间），第八代周敬然（1905~1957），第九代周维礼（1930~1995），第十代周业友（1942~1982），第十一代周学林（1968~）、王美玲（1966~），第十二代周帅（1990~）、解丹华（1990~）。

主要传承人周学林，自幼跟随父亲周业友学习鸡爪麻花传统制作技艺，完全掌握了祖传工艺。15 岁初中毕业便开始从事该项技艺，将烹炸的鸡爪麻花运到集市上出售，以此供养弟弟妹妹生活、上学。2004 年，周学林用自己炸制的鸡爪麻花参加河南省风味美食节，被评为“河南风味名吃”，并于当年注册了“周学林食品有限公司”。2015 年，鸡爪麻花参加河南老字号文化展览会，被评为“优秀传承奖”。2015 年注册了“周学林鸡爪麻花”商品商标。

2017 年 9 月，鸡爪麻花传统制作技艺被列入第五批商丘市市级非物质文化遗产名录。

杨集桶子鸡传统制作技艺

“桶子鸡味世无双，四百春秋业仍旺，母鸡出釜金黄色，弃脏腹空如桶状，一生心血化肴菜，世代相传九州扬”。这首《咏桶子鸡》的作者是原砀山县宣传部长祁振广，描述的是享誉豫皖交界地区的美食——夏邑县杨集镇张福华桶子鸡。

据张家后人追忆，杨集张福华桶子鸡至今已有 400 多年的历史。相传源于北宋都城汴京（现开封）的卤鸡，宋室南迁后流落至建康（现南京），一户马姓人家以经营此品为生。来自古栗城（今夏邑）的张姓人家和马家是邻居，相交甚厚，由于张家没有好的生意可做，便随马家学习制作卤鸡的手艺，不久便得真传，两家的生意非常红火。清咸丰年间，张家后裔由南京返回故里夏邑，并带回一桶陈年老汤，开了张氏卤鸡店。但家乡不比南京，生意很萧条。在一个老厨师的提醒下，他开始将卤鸡改良，经过多次实践，张家人发明了现在的桶子鸡。因其宰杀时从鸡腋下开膛取出内脏，腹空如桶，得名“桶子鸡”。

杨集张福华桶子鸡以家传秘方精心制作，选用 18 种名贵中药材，辅以冰糖、精盐等原料，选用一年半以上母鸡，采用传统工艺制作而成，营养丰富，历史悠久。具有色泽鲜黄、咸香嫩脆、脆而不烂、香而不腻、甜而不浓、全骨入味、营养丰富的特点，是馈赠亲友、老幼食补之佳品。

它的制作工艺非常考究。

一、主料选择与处理：选取一年半以上，重 1.5 公斤左右的健康母鸡，要求鸡身肌肉丰满，脂肪厚足，胸肉裆油较厚为佳；将活鸡宰杀煺毛，在鸡脖后方开小口取出鸡嗉子，在鸡翅腋下开膛去除内脏，清洗后剁下鸡爪放入鸡腹内；用精盐、麻椒均匀涂抹鸡身，腌制两个小时。

制作桶子鸡所用佐料

二、料包制作：八角、桂皮、砂仁、草寇、良姜、麻椒、山柰、肉蔻、草果、白芷、香砂、小茴香、香叶等 18 种香料分别选取适量，用纱布包成料包。

三、煮制：将老汤若干注入锅中烧开，撇去浮沫，加入白糖、冰糖、精盐，放入腌制好的鸡和料包，用篦子、石块等重物压住，要求汤汁能将鸡完全浸没，盖住锅盖；先用大火煮半个小时，再用温火焖十小时即可出锅。

桶子鸡老汤的循环使用非常讲究，每次煮好鸡后，趁汤热用罩滤除去杂质，撇去浮油，老汤冷却后就不能搅动，以防变沥。下次使用时老汤、水、料包的比例要适当，以使桶子鸡的口味咸淡适中。

桶子鸡由母鸡制成，鸡肉蛋白质的含量较高，且容易被人体吸收利用，有增强体力，强壮身体的作用；鸡肉含有对人体生长发育有重要作用的磷脂类，对营养不良、乏力疲劳、月经不调、贫血虚弱等有很好的食疗作用。桶子鸡制作中使用的“大料”大多具有开胃健脾、消食化滞等功效。所以食用桶子鸡，除了满足人体对蛋白质及维生素等的需求外，还能达到开胃，增加食欲的目的。

食用桶子鸡也颇为讲究，先用刀把鸡分为左右两片，每片再分前后两部分，斩块装盘，吃起来脆、嫩、香、鲜，别有风味。在当地流传着一段吃桶子鸡的顺口溜：“咬咬牙，瞪瞪眼，吃不动，你别扳（豫东方言扔的意思），吃了肉，嚼骨头，喝口酒，一刺溜。”

杨集桶子鸡传统制作技艺至今已经经历了五代传人：第一代张海泉（1870~1952），第二代张新桥（1914~1976），第三代张世光（1948~），第四代张福华（1970~），第五代张奥（1992~）。

主要传承人张福华，杨集桶子鸡传统制作技艺第四代传承人。张福华祖上世代以制作桶子鸡为生，他自幼跟随父亲学习桶子鸡制作技艺。于2011年和2014年分别注册了“张福华”和“杨集”两个商标，张福华桶子鸡被《商丘年鉴》2014卷、《商丘美食宝典》、《河南人》杂志收入，并被河南电视台于2011年和2014年评为“河南特色上榜名吃”。张福华桶子鸡在夏邑县杨集镇建有加工厂，产品远销北京、上海、深圳、郑州等城市和邻近县市区。

2017年9月，杨集桶子鸡传统制作技艺被列入第五批商丘市市级

正在腌制鸡

制作桶子鸡

非物质文化遗产名录。

制作好的桶子鸡

石雕

从人类艺术的起源起就开始了石雕的历史，没有哪一种艺术形式能比石雕更古老了。

夏邑县王氏石雕历史悠久，距今有 100 多年的历史，据王氏石雕传承人王海洋回忆，李集镇王庄村王氏家族世代以石匠为生，在方圆百里都享有盛名，爷爷王东亮（已故）曾参与过豫东地区多处庙宇牌坊的修建，父亲王桂林（已故）是夏邑县文化馆美术专干，年轻时曾师从国画名家萧龙士学习书法绘画。王桂林的碳素画非常有名，夏邑县彭雪枫纪念馆中的彭雪枫画像即出自他的手笔。王海洋自幼跟随爷爷学习传统石雕技艺，得到父亲书法绘画艺术的指导，又不断拜访名师、潜心钻研，石雕技艺非常精湛。他的作品造型逼真、手法圆润细腻、纹式流畅洒脱，尤其是碑刻技艺更是享誉豫东大地。王氏石雕作品大多用于陵园碑刻、庙宇牌坊石雕、石桥围栏石雕、宅第门楹匾额、机关单位门口石碑、公园原石雕刻等，题材多为戏剧人物、传奇故事、民间传说、花鸟虫鱼等。

豫东王氏石雕多采用阴雕、阳雕、圆雕以及独创的阴阳雕技法。阴雕又称“沉雕”，即在石材表面刻入的凹陷纹，呈 V 字型。阳雕即在石材表面刻出有立体感的图形文字。圆雕又称“立体雕”，即对石材

石雕作品

进行前后左右上下全方位的雕刻。阴阳雕即对笔画的边缘用阴雕的手法进行雕刻，使笔画同时呈现出外阴内阳的状态。

豫东王氏石雕的制作工艺流程包括选料、开料、坯料成型、画创意稿、过谱、雕刻、后期表面处理。

一、选料。石雕需选择坚实耐风化的石材，如青石、大理石等，要求石质密、硬、无杂质杂色、无裂缝污点及红白线。选材时用清水泼在石面上即可看出优劣。

二、开料。即把石材劈成雕刻所需用的尺寸。石料有它结晶时形成的纹路，要顺纹路开料，传统的开料方法非常费力费时，先在石料

上　雕刻前画样
下　刻制图案（一）

上　刻制图案（二）
下　指导学生雕刻

上用墨斗打线画出尺寸，沿线用錾子间隔 10~20 厘米挖出约 3~5 厘米长，5~10 厘米深的沟槽，在沟槽内凿出楔窝，打入钢楔，将钢楔用绳子连贯绑好，防止楔子飞出伤人。根据石料厚薄程度均匀用力，沿线逐个用锤子敲打楔子 1~3 次即可开成粗坯料。

三、坯料成型。将粗坯料用錾子将突出的大块余料打掉，再用剁斧剁平，用大块磨刀石反复打磨，打磨时随时用清水冲刷，直至石材表面光洁如镜。平面雕刻时需要上漆两遍，第一遍干后方可上第二遍。

四、画创意稿、过谱。根据石料尺寸先在纸上画出雕刻作品的图样，使作品构图美观、布局合理。由于王海洋具有深厚的书法美术功底，一般的作品即可直接临摹在石料上。对于名人书法为了保持原作的精神而又不损坏原作，需用传统的方法过谱，即扎眼过谱法。1. 用透明度较高的纸覆盖在原作上，使用描红的方法将作品的边缘描出。2. 用小针沿笔画边缘扎出若干小眼。3. 将纸覆盖在石碑上，洒上铜沫透在石碑上，用毛笔沿铜沫勾出双线。对于与石材尺寸不等的作品，还需要用九宫格放大或缩小。将制好的稿谱在石材表面找出十字线把稿谱铺正，留出天（上边）地（下边）尺寸，再用糨糊裱在石料上即可。

五、雕刻。依刀法不同，一般分为尖底字（凹型为 V 型）、半圆底字（凹型为 U 型）、平底字（即凹型）、阳字（即凸型）。尖底字下刀时刻刀沿笔画两边向内斜刻，多用于小字、笔画细的字和阿拉伯数字。半圆底字字底成半圆弧形，使用弧形刀雕刻。平底字字底为平面，下刀时沿笔画两边向下直刻，然后用平刀剔除中间的石料，使字底平滑。阳字就是用刻刀剔除笔画以外的石料，有圆顶和平顶之分。按豫东风俗阳字多用于宅第门匾等，为阳世间人使用，阴刻则多用于陵园基地等。由于阳刻费工费料，工时费较高，现大多依顾客经济条件而定。在刻字时要仔细揣摩原作品的精神，刻出原作品的气势来，不失真，体现出书法名家的真迹，这就要求雕刻者具有极高的书画艺术造诣。浮雕按图形先刻出线条，然后逐步加深，剔除外部多余的石料，称为“剔”。再根据线条图形挖掉内部无用的石料，称为“镂”。然后仔细地琢磨，使雕件成型。在雕刻过程中，由于操作失误或材质内部有杂质造成石料缺损，还需要补石粘接。

六、后期表面处理。为了使刻在石材上的文字和图形充满活力，醒目鲜明，还需在刻完后根据石料的颜色涂以反差较大的色漆。传统的浮雕、圆雕则无需打磨抛光，保持其朴拙的风味。现代石雕大多采用抛光机打磨，使作品更加细腻圆润，具有现代气息。

豫东王氏石雕制作技艺秉承传统工艺，并独创了阴阳雕刻技法，自成一体，有较强的传承价值。采用传统技法制作的石雕作品具有朴拙、厚重的艺术风格，用錾子打出的白点形成的点和线有着岁月沧桑的视觉效果，是机械制作的石雕作品不可比拟的。豫东王氏石雕雕刻技艺与书法及绘画艺术联系在一起，作品风格造型逼真、手法圆润细腻、纹式流畅洒脱，具有我国传统书法绘画艺术所特有的魅力。随着时代的发展，石雕艺术具有越来越广阔的市场前景，公园、广场、仿古建筑等都离不开石雕作品，具有较强的社会价值和经济价值。

豫东王氏石雕的主要工具有剁斧、花锤、刻刀、錾子、角尺、九宫格等。代表作品有八仙、杨氏寿坊、竹福、阴阳字、花鸟虫鱼系列等。

豫东王氏石雕至今已经经历了四代传人：第一代王东亮（1903~1989），第二代王桂林（1931~2012），第三代王海洋（1962~），第四代王浩（1992~）。

主要传承人王海洋，河南省民间文艺家协会会员，从业 30 余年，是豫东著名的石雕艺人。从业多年来参与了青铜寺、佛灵寺、白云阁等多处庙宇的修建。2014 年，他根据残存的石碑和附近老人描述，并参考相关资料，主持重修了省级文物保护单位杨氏寿坊。

2017 年 9 月，石雕被列入第五批商丘市市级非物质文化遗产名录。

石雕所用工具

古籍书画修复传统技艺

古籍是中华民族历史的血脉，也是数千年来中国文化的结晶。中国的雕版印刷术始自公元 8 世纪前后，在其后的一千二三百年里，得到广泛应用与发展，创造并积累了无比丰富的雕版印刷品，今人泛称其为“古籍善本”。这些古代的书籍，记载了人类文明发展的历史，真是所谓的“文章千古事”。中国造纸术与制墨技艺的发展与改进，也促进了雕版印刷典籍的繁荣与发展。

书画是中华民族文化艺术的重要组成部分，是中国的国粹。中国古代书画艺术源远流长，从远古时期的神话艺术到唐宋元明清时期的书画高峰，历经 5000 余年，名家辈出，经典之作彪炳史册。

由于古籍书画绝大多数都是纸制品，在其保存与传承过程中，难免会因各种情况遭到不同程度的损毁。有些是人为破坏，有些是虫蛀鼠咬，有些是纸张自然的老化，脆化、虚化、霉变等病态现象特别严重，致使古籍书画千疮百孔，纸散字碎无法翻阅。为了更好地传承文化，古籍书画修复意义重大。目前中国有 5000 多万册古籍亟待抢救性保护。古籍书画修复，在我国有着辉煌悠久的历史，春秋战国时期，考古发掘发现有很多绢帛上有修改、挖补的痕迹。部分学者认为此时为古籍修复的萌芽。宋代随着印刷术的发展，古籍修复也蓬勃发展，逐渐成为单独的技艺。发展到清代乾嘉时期，已达到炉火纯青的地步。古籍书画修复技术要求很高，技巧细腻多样，每道工序操作严格，修复的古籍书画，必须保证做到“整旧如旧”。古籍书画修复技艺代表着数千年来，无数劳动人民辛勤劳动和智慧的结晶。

毛氏古籍书画修复技艺始于清代毛文清，后传毛克念，两代均为半耕半读的布衣文人，对古籍书画收藏学有一定研究。再传至天祖毛训武和高祖毛友珍，清光绪年间与状元曹鸿勋有了交集，对古籍书画金石有了更深一步的研究，其古籍书画修复技艺也随之提高，毛家人的手艺由此开始在砀山当地及苏、鲁、豫、皖接壤地区扩大影响。其后，其曾祖毛作连也成为当地一名小有名气的古籍书画修复师。毛晓宝，幼时随曾祖学习修复技艺入门后，一直刻苦钻研，终使修复技艺再度发扬光大。

古籍的基本修复过程可分为两大步骤：首先制定修复方案，配备修复工具及用品；其次实施修复方案，具体细节可以分为 14 步：拆

下 修复古籍（四）

中 修复古籍（三）

上 修复古籍（二）

翻阅古籍

书数页、配纸染色、清洁书页、修补、润湿压平、折页、齐栏、捶平、订纸捻、上书皮、打眼装订、执刀裁切、打磨切口、贴书签。

古书画修复基本过程：揭、洗、补、接、全色和装裱。

古籍书画修复传统技艺至今已经经历了七代传人：第一代毛文清（1815~1881），第二代毛克念（1833~1894），第三代毛训武（1851~1921），第四代毛友珍（1872~1946），第五代毛永祥（1898~1960），第六代毛作连（1927~），第七代毛淑文（1984~）。

主要传承人毛淑文，民间艺术师，商丘听雨轩古籍修复师，曾参与修复古籍 2300 余页。修复的主要作品有：清刻本《三元总录》、康熙木刻本《康熙字典》、康熙木刻本《古文观止》、康熙木刻本《本草合编》、光绪版本《诗经精义》、光绪木刻版《四书备旨》、民国版《壮悔堂文集》和清代状元曹鸿勋《和合二仙图》等百册（幅）作品。

2017 年 9 月，古籍书画修复传统技艺被列入第五批商丘市市级非物质文化遗产名录。

毛氏传拓传统技艺

所谓传拓，特指用纸和墨（色）从铸、刻器物上捶印其文字或图案的技术。它的成品叫作拓本或拓片，前人也叫作打本、脱本、蜕本等。

“传拓”一词最早见于《隋书·经籍志》。其中著录了《秦皇东巡会稽刻石文》一卷；东汉碑刻《熹平石经》三十四卷；三国魏《正始石经》十七卷。注曰：“后汉镌刻七经，著于石碑，皆蔡邕所书。魏正始中，又立三字石经，相承以为七经正字。后魏之末，齐神武执政，自洛阳徙于邺都。行至河阳，值岸崩，遂没于水。其得至邺者，不盈太半。至隋开皇六年，又自邺京载入长安，置于秘书内省，议欲补缉，立于国学。寻属隋乱，事遂寝废，营造之司，因用为柱础。贞观初，秘书监臣魏征始收聚之，十不存一。其相承传拓之本，犹在秘府。”这里的“相承传拓之本”明显是指拓本。根据以上文字，许多专家学者推断：最早在汉魏之间，最晚在南北朝时期，传拓技术就已经出现。可惜的是，至今尚未发现这个时期的拓本。

目前发现的最早实物拓本之一是由唐太宗李世民所撰文并书写的《温泉铭》。原石在陕西温泉，久佚。此拓本为剪裱本，存48行，缺上半，原藏于敦煌石室，今藏于法国巴黎图书馆。拓本上有墨题“永徽四年八月围谷府果毅儿”十二字，据此可以断定，此本是在唐永徽四年(653)

上　　拓制作品（一）
下　　拓制作品（二）

传拓所用石碑

以前所拓。同时发现的拓本还有唐代著名书法家欧阳询的《化度寺邕禅师舍利塔铭》、柳公权的《金刚经》等，从用纸、用墨和传拓技术来讲，均达到了极高水平。拓品用传拓技法之一的“擦拓法”，墨色乌黑且闪耀油光，将字体的精、气、神表现得淋漓尽致、毫发毕现，达到了擦拓法的最高境界，反映出在唐初时期传拓技术已经达到的境界。

商丘“八关斋”历经劫难，现残存古城南八关斋院内，难见其原始面貌，其原拓更是弥足珍贵。现听雨轩藏明拓本《八关斋会报德记》可窥见原碑其貌，可见传拓技艺的文化艺术所在。

毛氏传拓技艺始于清代毛文清，后传毛克念，两代均为半耕半读的布衣文人，对金石学有一定研究。再传至天祖毛训武和高祖毛友珍，清光绪年间与状元曹鸿勋有了交集，对金石学有了更深一步的研究，

传拓所用工具

其传拓技艺也随之提高，毛家人的传拓手艺由此开始在砀山当地及苏、鲁、豫、皖接壤地区扩大影响。其后，其曾祖毛作连也成为当地一名小有名气的金石学研究者。父亲毛新建，因受当时社会环境影响，未能得技艺精髓。至毛晓宝，幼时随曾祖学习传拓入门后，一直刻苦钻研，终使传拓技艺再度发扬光大。《京九晚报》曾作整版报道。

传拓是我国古代长期使用的一种行之有效、毫厘必显的复制方法。其过程是将有伸缩性的纸覆盖在有文字或图案的器物上，如龟甲兽骨、铜器、石刻等，再用墨或色将其打拓出来，便于长久保存、远途传递。

传拓大致要分为四步。以传拓碑刻为例。

一、读碑，就是通读碑刻内容，做到对碑文及碑上破损之处胸中有数；

传拓作品

二、清碑，就是剔清、洗清碑文，还原碑文原貌；

三、上纸，就是取合适大小宣纸覆盖碑文，并喷水使纸与碑文完全贴合，做好了还要在宣纸上蒙上吸水纸，吸取多余水分；

四、正式传拓，去除吸水纸，带宣纸干湿合适后用带墨的扑子在纸上扑打，直至形成黑白分明的拓片。

传拓技术的发明和应用，是技术上的一次飞跃，推动了中国文化、经济的发展，对后世的影响深远。

毛氏传拓传统技艺有以下四种特征。

一、内容真实，整体复制。传拓从器物上捶印下来的产品为拓片、拓本等。拓片、拓本是从原物直接打印下来的，大小和形状与原物相同，是一种科学记录的好办法，可以真实还原甲骨文字、铜器铭文、碑刻、墓志铭、古钱币、画像砖、画像石等历史内容。

二、“纸寿千年”，易于保存。传拓下来的拓片、拓本易于保存和传播，更有利于历史和文化的传承。

三、成本低廉，可以大量制作。仅需纸、墨，利于批量复制珍贵文物上的图案内容。

四、适用性广，无地域限制。不论南北，只要掌握好技巧，有针对性地调整技法，在全国乃至世界范围内都可以广泛使用。

毛氏传拓传统技艺至今已经经历了七代传人：第一代毛文清（1815~1881），第二代毛克念（1833~1894），第三代毛训武（1851~1921），第四代毛友珍（1872~1946），第五代毛永祥（1898~1960），第六代毛作连（1927~），第七代毛晓宝（1977~）。

主要传承人毛晓宝，自幼酷爱传拓技艺，1989 年随祖父毛作连学习此技艺，尽得真传。现为郑州市金石文化研究会理事，商丘市安徽商会副会长，河南省宝玉石协会会员，河南省篆刻专业委员会会员，河南省古玩商会会员。毛氏传拓的作品有：清代吴大澂《孝经》，郑板桥《难得糊涂》《吃亏是福》，康熙御笔《清德》，元代木兰祠《孝烈将军祠像辨证记》，唐代颜真卿《八关斋会报德记》，帝喾陵《重修帝喾祠记》，狄仁杰《袁公瑜墓志铭》，另外还有《任衡墓志铭》《唐故将侍郎裴君墓志铭》等千余幅作品。

传拓技艺的普及和推广，不仅促进了文字的规范与书风的流行，而且有力推动了文化、宗教等的传播。从古至今，每个喜爱文字研究的学者或喜爱艺术的人，都很容易找到甲骨文、金文、小篆、章草、隶书、草书、楷书等各个历史时期的文字图形资料。如果没有传拓这项惟妙惟肖的技艺，书法艺术的传承也会面临很大挑战。传拓技艺无疑对中华民族文化和艺术的继承和发展具有特殊的重要意义。

2017 年 9 月，毛氏传拓传统技艺被列入第五批商丘市市级非物质文化遗产名录。

传统医药

三槐堂医药

王氏三槐堂医药起源于柘城县远襄镇王寨村，从清末开始在王氏家族传承，至今已传承五代，100 余年，是柘城县北部具有较高影响的传统医药。

清代同治年间，远襄镇王寨村青年秀才王秀章立志行医济世，在村里开设精品药堂。以“灸骨贴”膏药为主治疗风湿痹症。1899 年，王秀章之子王惠昌延续祖训，创建王氏三槐堂，为方圆百里的百姓治疗风湿病患，在柘城远近闻名。王氏三槐堂后经其子王殿宇，孙子王重义，曾孙女王娜先后传承下来，并逐步把三槐堂医药发扬光大。尤其是第五代传承人王娜，毕业于河南中医学院，在全面学习祖国医学的基础上，在县城开设王娜诊所，以三槐堂传统医疗技术治疗风湿病，现已初具规模。

王氏三槐堂以治疗风湿病见长，常用“灸骨贴”治疗风湿痹症。其基本方剂是以青风藤、雷公藤、生川乌、生草乌、马钱子、乳香、没药、黄瑞香、狗脊、土鳖虫、全蝎、地龙、冰片为主方。寒湿症：去雷公藤，加乌头、蕲蛇、木瓜、寻骨风、羌独活等。湿热症:加秦艽、防己、桑寄生、透骨草、络石藤。以上中药以传统方法熬制成“灸骨贴”，贴敷患处，加之烤电效果更佳，另配针灸或中药汤剂治疗。

灸骨贴的用法如下：普通筋骨疼痛患者可用基础药方配以针刺，可取肩髃、肩贞、肩髎、夹脊、风池、风府、大椎、腰阳关、肾俞、环跳、委中、内外膝眼、血海、犊鼻、阴阳陵泉、阿是穴等，并选用方剂独活寄生汤加减。所有筋骨疼痛都以独活寄生汤为基础方，根据不同症状及类型进行加减。寒湿症者再用传统的“艾灸”以增强疗效，或配以中医具有传统特色的“刺络放血”疗法，疗效显著。

由于新的医药法规的颁布，三槐堂“灸骨贴”膏药不能熬制。王娜诊所现采用中药汤剂配合针灸、艾灸及刺络放血等传统方法治疗颈肩腰腿痛，疗效十分显著，在柘城医疗卫生界独具特色，影响较大。

王氏针刺术。在所需要治疗的部位选穴针刺。选用一次性注射针头，针身需光滑，无锈蚀，针尖锐利无倒钩。先在被刺部位或其周围用手法推、揉、挤，使局部充血。针刺用 75％酒精在施术部位消毒。点刺时用左手固定被选穴位，右手持针，对准所刺部位快速刺入，并迅速出针，点刺后再辅以拔罐。最后做术后处理，即用无菌干棉球或棉签擦拭或按压。

王氏艾灸。先用酒精灯点燃艾灸棒。再用特制的艾灸箱罩在针刺部位，在箱体内放入点燃的艾灸棒 10 余个，盖上箱盖，并用棉布密封箱体。待 30~40 分钟后取下箱体。可以看到艾灸部位红晕，或见患者大汗出，即为得气之相。

以上治疗方法均秉承中医精髓“寒者热之，热者寒之，宛陈则除之”的理念。

三槐堂医药至今已经经历了五代传人：第一代王秀章（1845~1915），第二代王惠昌（1878~1955），第三代王殿宇（1914~2003），第四代

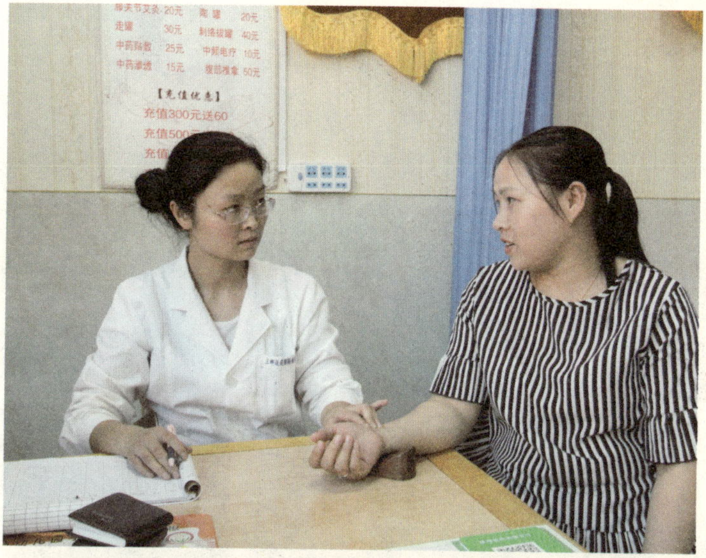

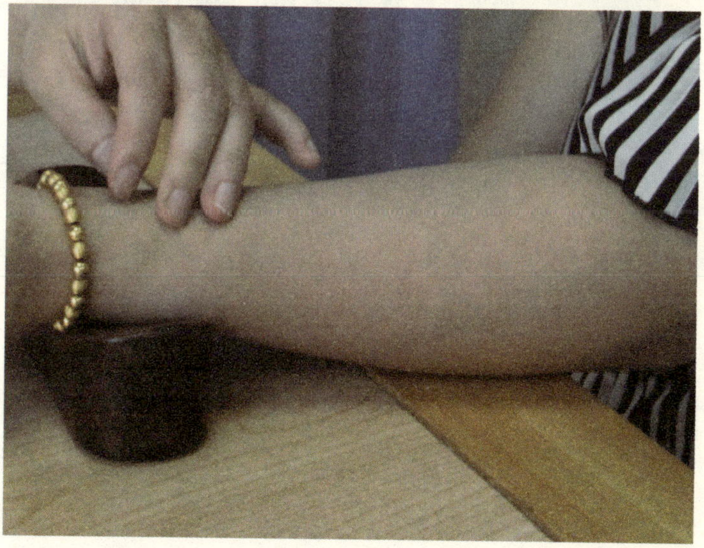

上　　为患者诊疗
下　　为患者诊脉

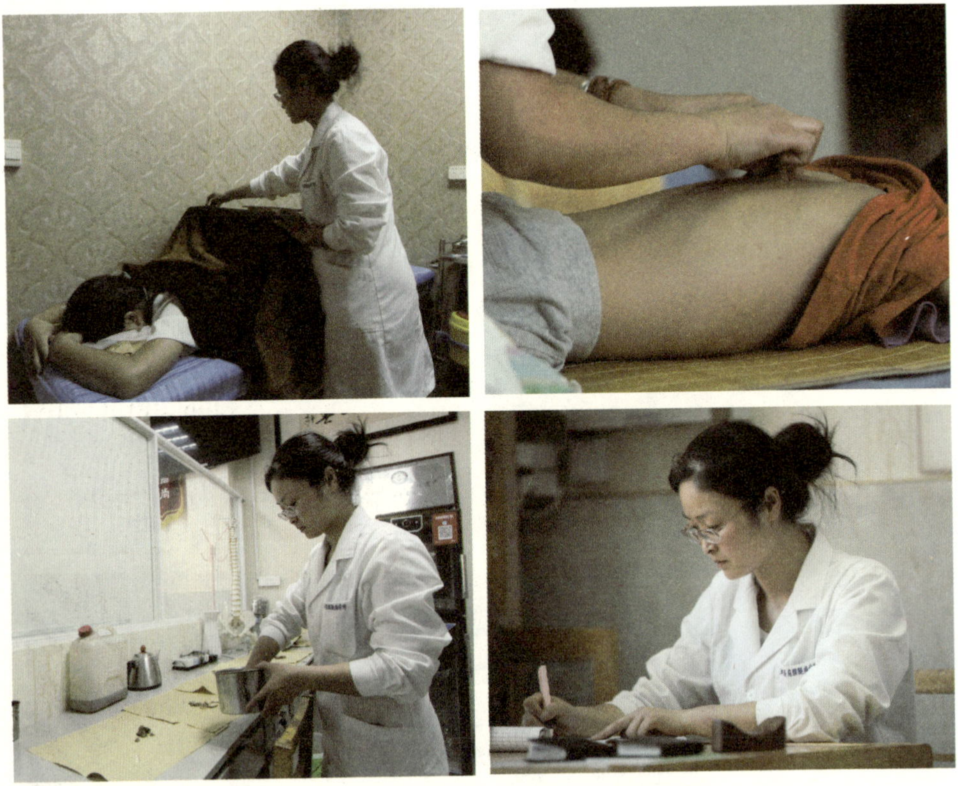

上左　为患者治疗（一）
上右　为患者治疗（二）
下左　抓药
下右　填写病例

王重义（1947~）、王胜义（1959~），第五代王娜（1985~）、王振洋（1973~）。

主要传承人王振洋、王娜各在柘城县县城开设一家诊所，均以王氏三槐堂医药治疗风湿疾病。王娜毕业于河南中医学院，毕业后继承祖上意愿，采取三槐堂方剂治疗风湿病，在柘城县华景路开设了颈肩腰腿痛诊所，雇佣专业医疗人员10余人，并传授三槐堂用于按摩、针灸、

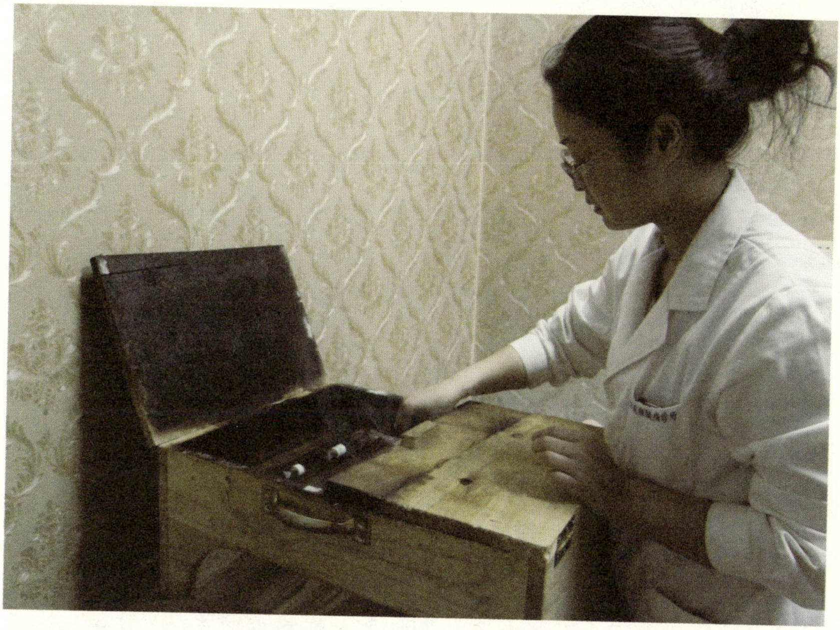

为患者艾灸

艾灸的医疗技术，广泛应用于颈肩腰腿痛病人。王娜所开设的颈肩腰腿痛诊所每天来诊病人多达百人，充分展示了王氏三槐堂医药的治疗效果。

2017 年 9 月，三槐堂医药被列入第五批商丘市市级非物质文化遗产名录。

朱氏传统骨科

朱氏传统正骨起源于清代中后期，现已在柘城县老王集乡朱河波村传承七代，160 余年。

清代咸丰年间，朱氏先祖朱金荣赴山东做生意时意外崴了脚，有幸拜当地正骨郎中（姓名无考）为师学习接骨理筋手法。3 年后回乡开设正骨药铺，慢慢有了名气。后来，朱金荣意外救治了一位饿昏的老太太。老太太祖上是接骨郎中，因社会动乱在逃荒时与家人走失，承蒙收留，特将家传秘方相赠。后经朱金荣潜心研究，形成了朱氏骨科手法与药物相结合的完整体系。

朱氏传统正骨采百家之长，结合自身实践，总结出骨伤三期治疗法。初期，在伤后 1~2 周内，此时受伤部位出血或瘀血，出现血肿、水肿反应，疼痛剧烈；中期，在伤后 2~3 周，此期气血渐宣，瘀血渐消，水肿渐退，为损伤修复期；后期，受伤 3 周后，属康复阶段，筋骨损伤基本已愈，但气血不足，筋骨失养，肢体乏力，关节屈伸不利。

朱氏骨科传承技艺主要包括手法、固定、膏药与中药汤剂。

手法分两种，一是诊断手法，包括揣摸捻捺法、挤压法、叩击法、

传承人朱志朋

旋转法、屈伸法；二是治疗手法，即骨折与错位的整复手法，包括以下七法：旋转屈伸、端提挤按、摇摆叩击、挤捏分骨、触顶合骨、折顶回旋、推拿按摩。若有骨折，复位后用膏药敷贴患处，夹板固定，三天换药。

辅助治疗：一是用膏药贴敷患处，膏药是朱氏传统正骨传人用家传秘方熬制；二是服用中药方剂，朱氏骨科方剂繁多，以清淤止痛方、舒筋活络方、接骨续筋方最为常用。

朱氏传统正骨有其非常独特的治疗方法，一是它来源于民间，在历史上曾经治愈过无数骨伤病人，也曾多次出现辉煌。二是以祖传传统方法治疗，一般使用保守治疗，操作简便，病人痛苦小，治愈快。三是使用器材价格低廉，治疗成本小，病人花钱少。四是手法、外敷不同于现代骨科的手术，少伤病人元气，利于病人康复。

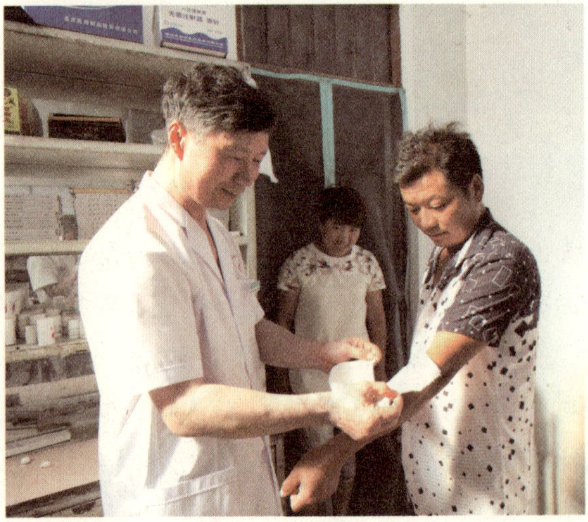

下　为患者贴膏药
中　配药
上　观察患者片子

朱氏传统骨科至今已经经历了七代传人：第一代朱金荣（1832~1897），第二代朱忠良（1860~1938），第三代朱孟营（1885~1959）、朱孟章（1890~1943），第四代朱学言（1910~1992）、朱学诗（1912~1988），第五代朱振江（1930~2005）、朱振远（1940~2014）、朱振合（1936~2013）、朱振华（1940~），第六代朱治国（1942~）、朱治功（1963~）、朱志朋（1967~），第七代朱伟（1972~）、朱磊锋（1983~）。

主要传承人朱志朋，高中毕业后跟随父亲朱振华学习正骨术。1995~1999 年在亳州市安溜镇卫生院工作。1999~2000 年在商丘市中医院进修。2000 年 8 月回村开设朱氏骨科诊所，从事医疗卫生工作。2006~2008 年至商丘医学高等专科学校学习，取得中专毕业文凭。2008 年 7 月毕业后仍回本村开设朱氏骨科诊所至今。

朱氏传统正骨在柘城传承 160 余年，影响较大。用传统方法治疗，效果显著，患者普遍认可。尤其是朱氏正骨手法和家传秘方，更加值得挖掘，是祖国医学不可多得的一项文化遗产。目前，朱河坡朱氏传统正骨传人在柘城、商丘、鹿邑、亳州开有正骨医院或诊所 4 家。自 20 世纪 80 年代，第五代传人朱振江携子朱志功在鹿邑发展；第六代传人朱治国、朱治业在亳州发展；朱志朋在家守祖。

2017 年 9 月，朱氏传统骨科被列入第五批商丘市市级非物质文化遗产名录。

上　制作膏药所用药材

下　制作好的膏药

司氏正骨祖方

司氏正骨祖方主要流传于夏邑县王集乡刘楼村一带，主要有正骨、传统膏药、口服丸。该技艺和传统膏药、口服丸起源于清朝光绪年间，距今有 100 余年历史。

以司氏正骨祖方为代表的传统正骨技艺、土单验方起源于刘楼村司冬梅的曾祖父司光明。司光明早年在私塾求学，聪明勤学，为人忠诚厚道，是周围村庄公认的好青年。在一个电闪雷鸣的上午，有几个陌生人被暴雨阻隔在刘楼村，又渴又饿，无处就餐。司光明急人所急，把他们请到家中，热情款待。当时，司光明家并不富裕，但他还是倾其所有，用最好的饭菜招待几人。几人见司光明善良厚道，非常感动。一个年龄稍大的长者道出了自己是宫廷御医的身份，问他是否愿意从医。司光明非常喜欢这行，当即答应下来，跟随几人进入宫廷。

在宫廷里，司光明跟御医学习了正骨及熬制膏药、口服中药蜜丸的绝技。后来由于种种原因，司光明又回到家乡，成为一名基督教传教士。他的足迹遍及祖国多地，一边传道，一边运用自己的正骨绝技和膏药、口服丸治病救人。大量的实践证明，此技方治疗疼痛病立竿见影，疗效神奇。

后来，司光明便将此技方作为家传秘方代代相传。其子司建华深

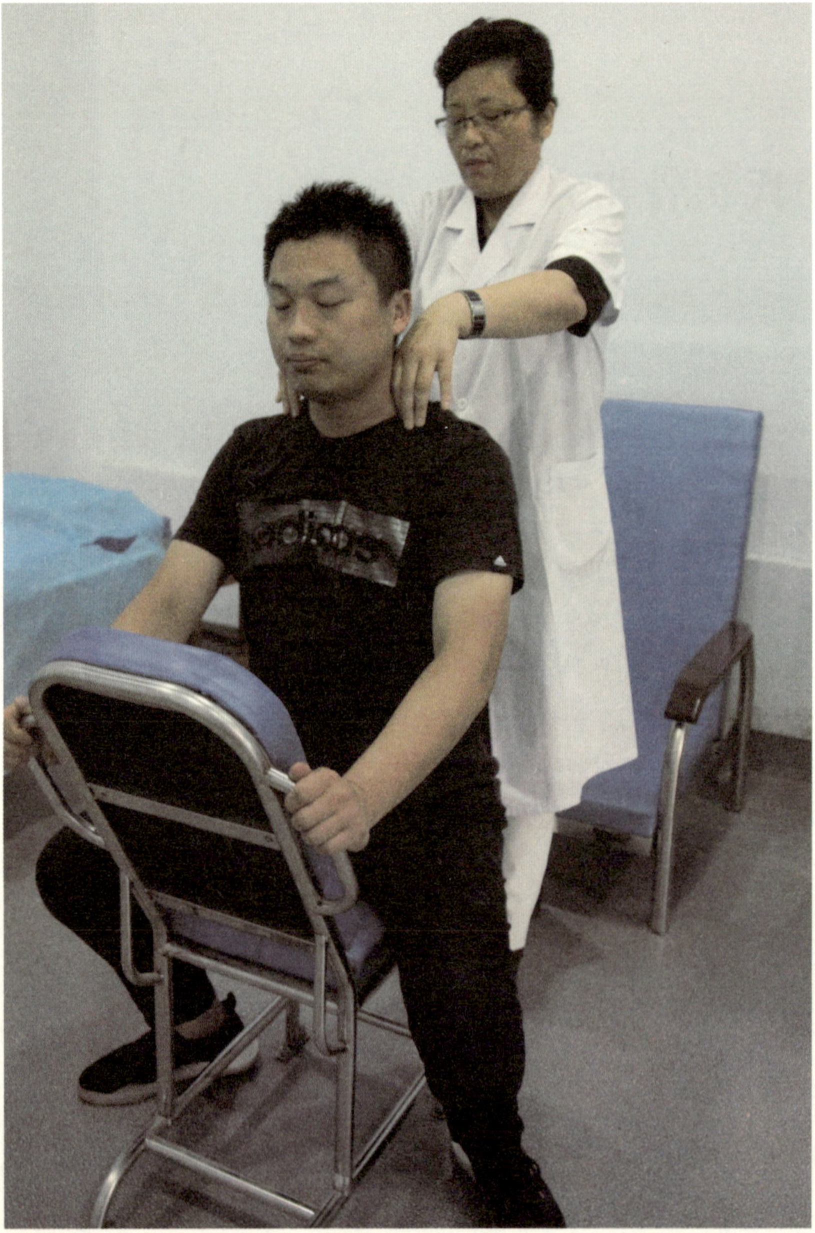

右　为患者治疗（二）

左　为患者治疗（一）

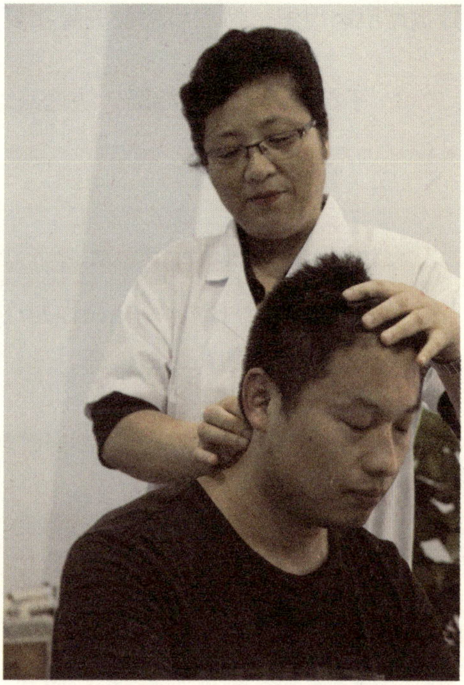

得祖传技方精髓，在刘楼村开设中医铺，悬壶济世，惠济乡邻。由于医术精湛，祖方疗效极佳，引来各地患者前来求医。目前，司氏正骨祖方已经传承四代，在夏邑县及周边地区取得了良好的口碑。

司家正骨技艺手法简单，治疗精准，三到五分钟缓解疼痛。膏药及口服中药蜜丸具有较强的调理、拔毒、除湿、镇痛作用，适用治疗颈椎病、肩周炎、腰椎间盘突出、各种膝关节炎、腰肌劳损、坐骨神经痛、风湿类风湿、骨质增生、半月板损伤等疾病引起的疼痛。该手法辩证医治，除根固本。膏药、口服丸配方独到，采取祖传传统技术加工制作，使用方便，作用持久，治疗方法独特。严重的风湿、类风湿关节炎用正骨手法配合膏药、口服中药蜜丸后疗效迅速，有愈后不复发等特点。

一、司氏正骨祖方组成

（一）手法

1. 工具：正骨椅、按摩床。

2. 步骤：让患者坐在正骨椅或平爬（躺）在按摩床上，先松解患处僵硬肌肉组织，然后将错位的骨头复位，出槽的筋入槽。

3. 手法功效：通筋活络，快速减缓、解除疼痛，三五分钟奏效。

（二）膏药

膏药配方：麝香、红花、乳香、没药、川乌、草乌、全虫、蜈蚣、伸筋草、透骨草、黄丹等。制作流程为：浸泡药材—炸药—炒丹—炼油—下丹—去火毒—加细药—摊膏药。

1. 浸泡药材：将按配方配制好的药材放入芝麻油中浸泡 3 天。

2. 炸药：将浸泡好的药材连同芝麻油倒入铁锅中炸至内部焦黄，去除药渣。

3. 炒丹：将黄丹炒去水分备用。

4. 炼油：将去除药渣后的药油用中火熬至滴水成珠（取少许药油滴入水中不散开为度）。

5. 下丹：取适量炒去水分的黄丹倒入炼好的药油中，搅拌成黏稠的药膏，拉丝不断为宜。

6. 去火毒：将制成的膏药放入凉水中浸泡 12 天，每天换一次水。

7. 加细药：将膏药放入铁锅中，用文火化开后加入粉碎后的乳香、没药等搅拌均匀。

8. 摊膏药：根据需要取适量膏药，均匀涂抹在棉布或纱布上。

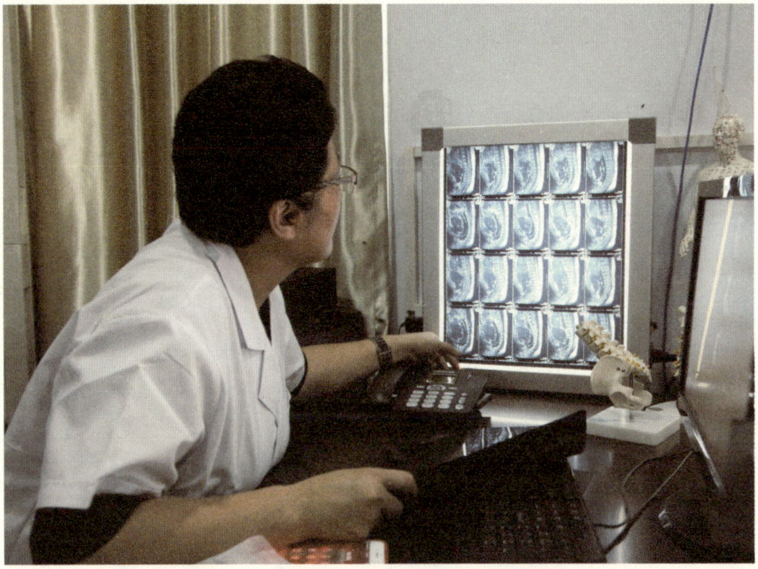

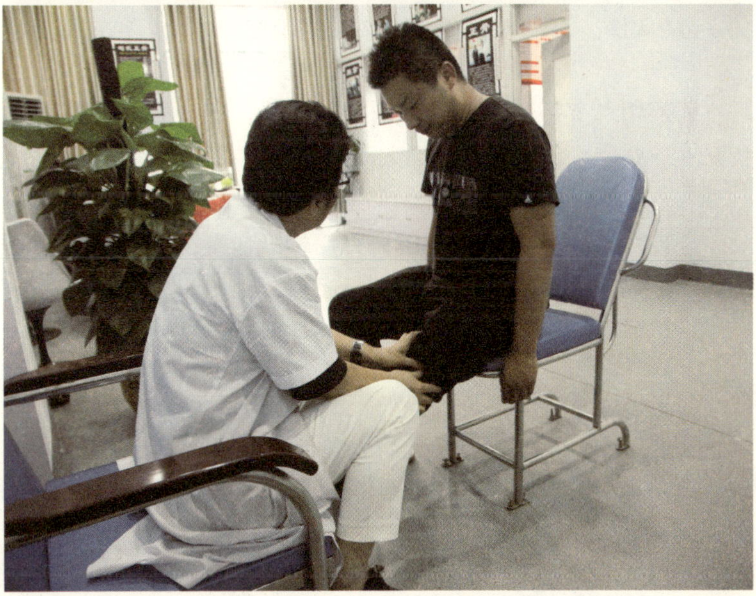

上　观察患者片子

下　为患者诊断病情

（三）口服中药蜜丸

口服中药蜜丸配方：红参、黄芪、白术、当归、枸杞、仙茅、白芍、独活、菟丝子、羌活、山楂、神曲、砂仁等。配制流程：配药粉碎—配蜜熬蜜—调药和药—搓条和丸—包装贮藏。

配药粉碎：首先将按配方配制好的药材用文火炒制，其次用药碾子碾成细面状，再用 240 目的筛子过筛成药粉。

配料熬蜜：将药粉与蜂蜜的比例（冬天 1 ∶ 2，夏天 1 ∶ 1.5）备好料待用；将蜂蜜放入锅中用文火熬至浮沫略带浅红色，用筷子沾上一点滴入清水中，如蜂蜜不散开且沉底即可。

调药和药：将熬好的蜂蜜倒入药粉中搅拌均匀，再和成团。

搓条和丸：将药团分成小剂搓成条状，放入中药搓板搓成药丸；将药丸“发汗”晾至表面发硬不沾手。

包装贮藏：将“发汗”后的药丸用蜡纸包裹，放在干燥阴凉处贮存。

二、膏药、口服中药蜜丸的使用方法和步骤

膏药必须严格按照如下步骤，才能达到预期疗效。

（一）贴膏药前将患处清洗干净，用正骨手法先行松解肌肉组织。

（二）将成品膏药取出一贴平整贴在患处，防止出现皱褶。

（三）如果是手部、腿部、胳膊能周围包扎的部位，要用布条或其他东西周围包扎，防止膏药自行脱落，降低药效。

（四）一盒膏药共七贴，每贴可贴三天，揭掉后间隔一天换新膏药。此为一个疗程，可以使用一个月。

（五）贴后患处出现发热发凉现象，少数患者治疗后会出现症状加重，属正常现象，几天后即消失。

（六）如皮肤有过敏反应，立即停用，如皮肤潮红、发痒，可用“皮炎平”止痒。

（七）贴膏药部位要重点保护，防止受风、受凉，更不能雨淋或凉水洗。

口服中药蜜丸：每天口服 2~3 次，每次 2~3 颗，味甘香，咀嚼咽下即可。

三、药物禁忌

（一）对本品过敏、皮肤破损及孕妇禁用。

（二）膏药不可口服。

（三）口服中药蜜丸忌辛辣、肉食。

四、毒副作用

无任何副作用。个别患者用膏药后皮肤可能出现过敏，停止用药后症状即可消失。

司家正骨手法和膏药、口服中药蜜丸有较强的历史价值、医药价值和社会价值。首先，它来自宫廷御医，传承古代祖传秘技，在历代都为广大疼痛病患者解除了疾痛，发挥了较好的治疗价值，是我国传统正骨领域的一件瑰宝。其二，司家膏药、口服中药蜜丸体现了传统医药的特点，药物组成精妙，配制方法独特，使用操作简便，药效显著，毒副作用少。其三，该手法配合膏药、口服中药蜜丸解除了广大疼痛病患者的痛苦，更好地服务于社会，因而在中医药领域具有较高的开发价值。

司氏正骨祖方至今已经经历了五代传人：第一代司光明（1887~1972），第二代司建华（1907~1997），第三代司彬朋（1947~），第四代司冬梅（1968~），第五代刘洋（1990~）。

主要传承人司冬梅，1989 年毕业于河南中医学院。历任夏邑县王集卫生院妇产科主任、院长，曹集卫生院院长，2012 年创办商丘和平医院。从医多年来，她在干好本职工作的同时，潜心研究中医，结合祖传的正骨祖方，传承并创新了一套治疗疼痛病的技法和药膏，疗效神奇。先后发表论文 10 余篇，入选《世界华人杰出专家名典》《当代中国人才库》。

2017 年 9 月，司氏正骨祖方被列入第五批商丘市市级非物质文化遗产名录。

胡氏整脊正骨

中医正骨手法为古代医学“十三科”之一，是指用推、拽、按、捺等手法治疗外力作用所致的骨、关节和软组织的损伤。据胡氏家族世代口传，胡氏整脊正骨手法起源于清嘉庆年间，距今已有 200 多年的历史，自其祖上胡家旺起至今已历经七代传承。胡家旺因在外地经商途中，收留一孤寡老人，并对其照顾有加，老人感恩，把整脊正骨手法传于胡家旺。此后，该手法便在胡家代代相传。胡家旺至第五代传承人胡继德均以农耕和经商为生计，历代家境比较富裕，有远近乡邻前来求治者从不收费，有十分困难者还赠以钱粮，所以后人愿学者甚少，但承祖训每代至少有一人继承此正骨手法。

椎间盘突出、颈椎病引起的颈肩腰腿疼痛、麻木形成的基本原因是在日常的活动和劳动中由于闪伤、扭伤、摔伤造成脊柱内外不平衡，椎体偏歪错位、椎间盘逐年退变，形成膨出、突出或椎管狭窄、脊柱侧弯变形、椎体骨质增生等。西医学理论认为通过手术把突出物切除就可以解决，术后一部分患者症状消除，但是也有部分效果不是很理想，反而症状加重。用胡氏整脊正骨手法把偏歪错位的椎体复位后，压迫神经的髓核也随着复正的椎体而改变了方向和位置，神经不再受压迫，患者的颈肩腰腿疼麻等症状自然就立即减轻或解除了。

骨不正、筋不顺，经络就不通，不通则痛，痛则不通。用胡氏整脊正骨复位手法使骨归位、筋入槽，具有轻、稳、快、巧等特点。手法分为：定、旋、推、按、顶五种。定就是把偏歪的脊突用一只手的拇指定位，旋就是在定位的基础上用另一只手臂抱住患者的肩部做旋转动作。推和顶是在旋转的基础上让定位在脊突上的拇指用力顶推使之复位。按是让患者趴在床上，复位人员把滑脱的椎体定位后，用手指或手掌把错位的椎体复位。复位后患者就会立即解除很多痛苦，立竿见影，通过几次调理后患者就会痊愈。

例如，一患者椎四偏歪错位，施术者坐在患者身后，患者坐在施术者的面前背对施术者，施术者用左手拇指定位在患者的椎四脊突上，右手臂从患者的右侧腋下穿入到患者的胸前，同时用右手抓住患者的左肩头，做顺时针方向旋转，左手拇指在椎四脊突上，用力做顺时针推顶，让椎体得以复位。

在观察患者片子

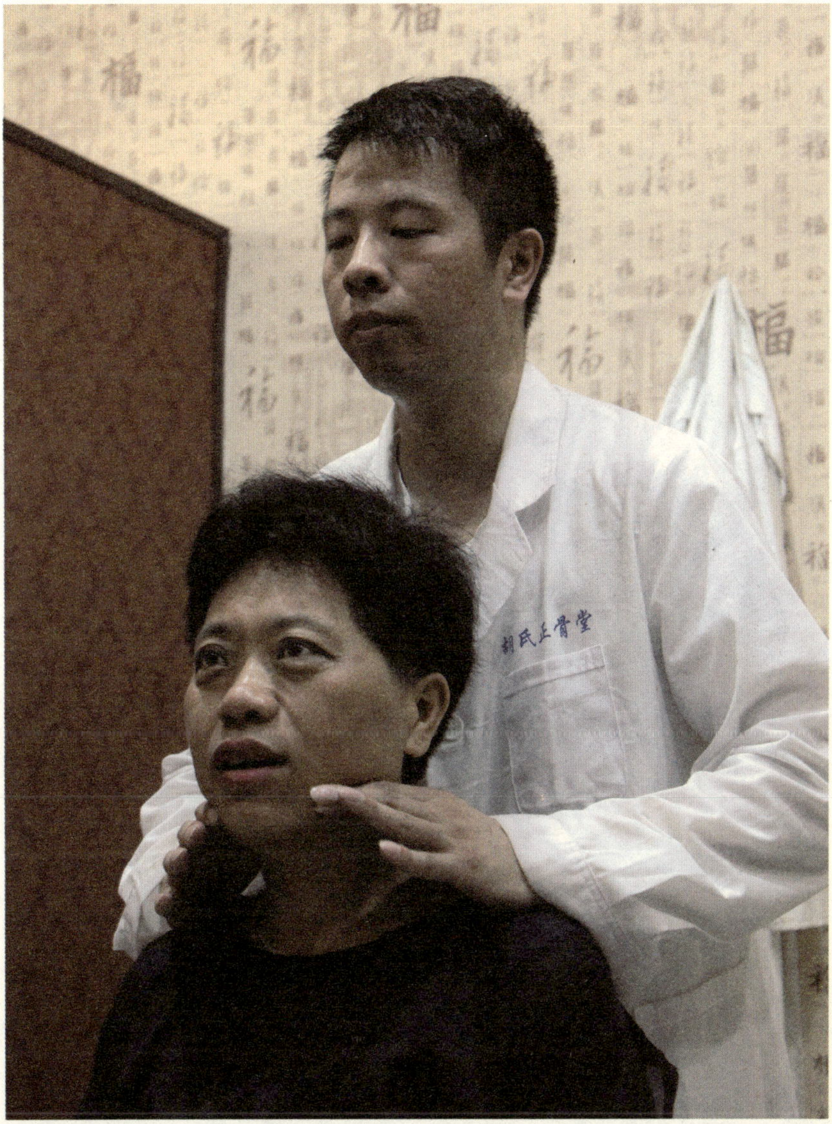

为患者治疗（一）

胡氏整脊正骨手法体现了传统正骨技法的特点，手法简单精准，疗效显著。因而具有较强的医药学价值，是我国医药学领域的一件瑰宝。胡氏整脊正骨手法能以其独特的疗效为广大患者解除疾痛，进而更好地服务于社会，具有较高的推广、开发和使用价值。

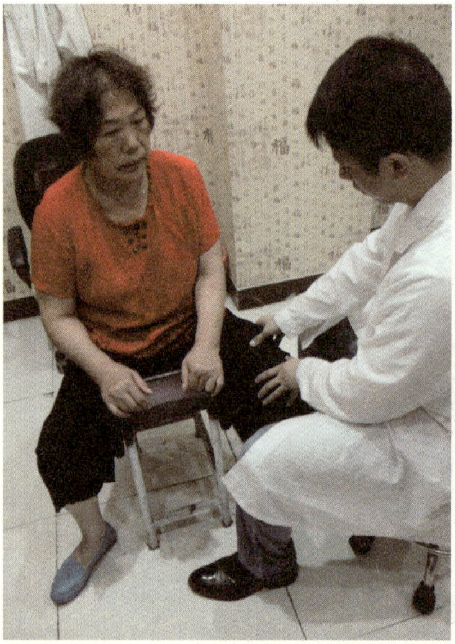

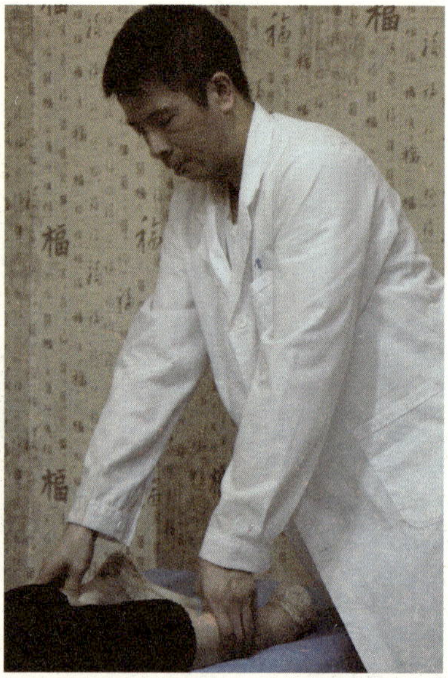

左　　为患者治疗（二）
右　　为患者治疗（三）

胡氏整脊正骨手法至今已经经历了七代传人：第一代胡家旺（不详），第二代胡宝山（不详），第三代胡永兴（不详），第四代胡茂延（1898~1957），第五代胡继德（1928~1986），第六代胡旭发（1963~），第七代胡震林（1987~）、胡依林（1991~）。

主要传承人胡旭发，先后毕业于商丘卫校、郑州仲景国医专修学院中医学专业。自幼随父亲胡继德学习整脊正骨手法，1986 年在夏邑县韩道口镇创办胡氏正骨堂，2008 年在夏邑县城创办中医正骨专家诊所，2013 年正名胡氏正骨堂，并先后在永城市、商丘市开办胡氏正骨堂，人称“正骨神手”。从医以来，多次被商丘市电视台新闻综合栏目、今日关注栏目、商丘市网络电视台、大河网进行专题报道。

2017 年 9 月，胡氏整脊正骨被列入第五批商丘市市级非物质文化遗产名录。

王氏中医药骨科

王氏中医起源于 1644~1654 年间。当时各种疾病困扰着当地老百姓的生产和生活，特别是常见的骨伤和骨关节病，严重影响了老百姓的正常生产劳动，因病致残、因病致瘫者不胜其数。王氏中医创始人王世先借鉴《本草纲目》《内经》《伤寒论》等中医名著，在古代一些单方、验方的基础上，通过自身与许多骨病患者的反复临床试用，终于摸索出一套内服与外用相结合治疗骨病的神奇妙方。短时间内，王氏中医的疗效与乐善好施的医德迅速传遍了归德府内外。由此，王氏家族原由一个书香门第迅速转变为一个远近闻名的中医世家，后经王氏近十二代人的传承和发掘研究，其医术达到了炉火纯青的境地。一般的骨伤病用王氏膏药三贴就可基本痊愈。当地老百姓给予王氏骨伤药方极高评价，称王氏骨伤膏药为“王三贴”，内服丸药为“王氏灵丹”。

王氏中医以骨病作为自己的特长专科，主要针对骨折，骨后不连接，腰椎间盘突出症，骨刺、骨质增生，强直性脊柱炎，脊髓炎等骨病。其方法有独特的体位牵引和按摩、高水平的手法复位术，秘方炮制的

左　传承人王强（王天宇）

右　配药

外敷骨病膏药与纯中药的壮骨化瘀丹。

王氏中医骨病治疗的特点是：手法复位，简便易行；所用药物全部是中药成份，不含任何西药和有毒性的中药，安全无毒副作用；内服加外用，疗程短，见效快；价格廉，无痛苦；在治疗过程中不影响患者的生活和劳动；得到了当地老百姓的交口称赞。治疗比较棘手的骨质增生、腰椎间盘突出症、骨不连接、骨刺骨病等时，采用“王氏骨病三部曲”（手法康复、膏药外敷、内服中药丹剂）都能在较短时间内治愈。

王氏中医骨科作为一种传统医学资源，历史渊源悠久，手法独特，药物配方，炮制独树一帜，经 300 多年流传，至今盛誉不衰；在继承中有创新，使用中有提高，有基础理论，有临床方药，有整理考校，有注释阐发，充分体现了中医理论体系博大精深。作为一种传统医学文化资源，其区域优势明显，具有独特的医学价值和文化价值。

王氏中医骨科主要使用相关器具有：药碾子、药杵、筛箩，膏药锅，克两秤，骨夹板等。

王氏中医骨科至今已经经历了十二代传人：第一代王世先（1644~不详），第二代王进科（1679~ 不详），第三代王占魁（1724~ 不详），第四代王仲立（1756~ 不详），第五代王江桥（1783~ 不详），第六代王耀林（1816~ 不详），第七代王太山（1846~ 不详），第八代王文田（1870~ 不详），第九代王国真（189~ 不详），第十代王法正（1925~ ），第十一代王万春（1955~ ），第十二代王天宇（1975~ ）。

主要传承人王万春、王天宇。王万春，王氏中医第十一代传人，

上　为患者治疗（一）
下　为患者治疗（二）

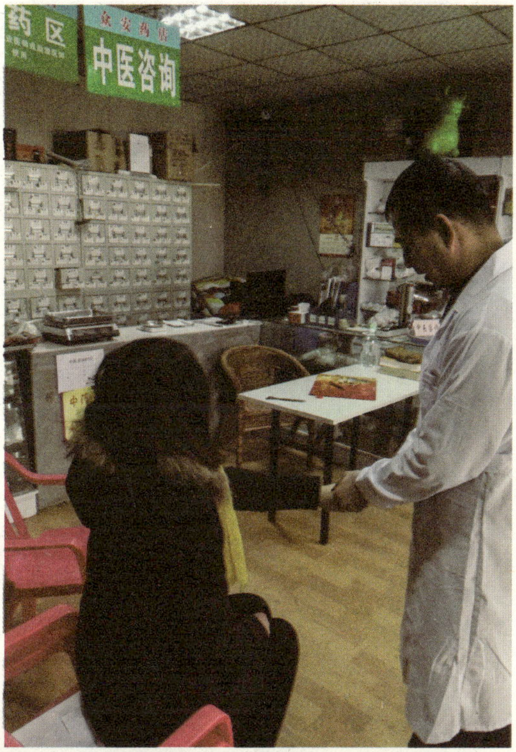

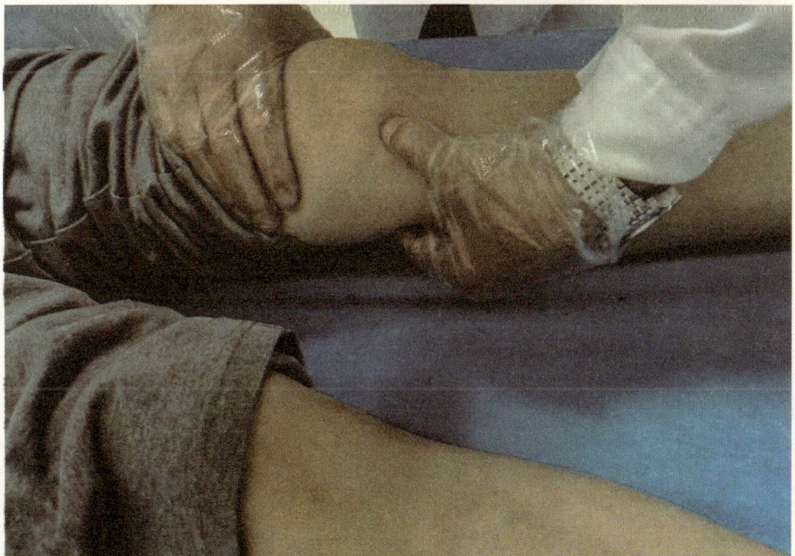

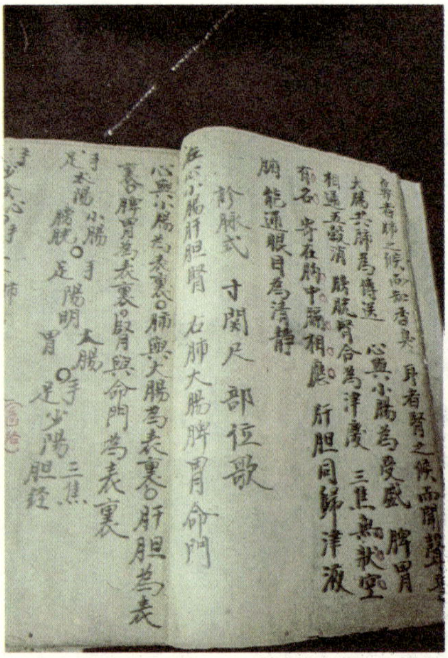

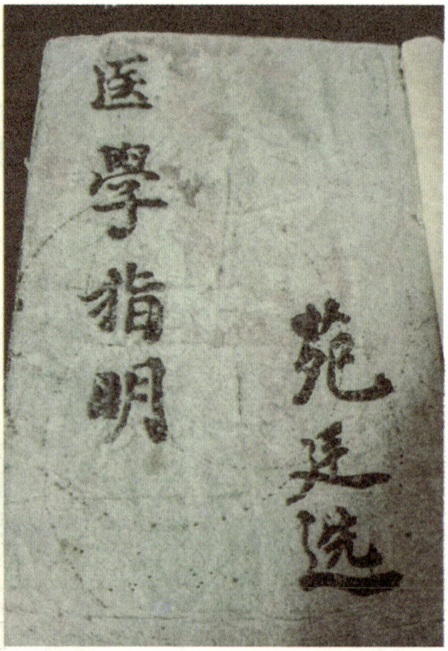

左　　资料记载（一）
右　　资料记载（二）

就职于周口市淮阳县城关医院中医科，从事中医临床工作。擅长骨伤、骨关节病、脊髓病的治疗。1995 年 4 月，获河南省中医管理局颁发的“中医医师资格证”。2005 年 6 月参加中华中医骨伤病学习研讨会，并发表了《中医骨伤病疑难病治疗体会》等多篇学术论文，得到了多名当代骨病专家的好评和肯定。

王天宇，王氏中医第十二代传人，执业医师，是王万春侄子，也是现在王氏中医的唯一传承人，得到了王氏中医方面的真传，并结合现代医药科学技术，传承并发展了王氏中医骨病的治疗。他所制作的号称“王三贴”系列的中药膏药,对腰椎间盘突出症、骨质增生、骨刺等骨病都能达到立杆见影的效果，为王氏中医的传承和发展做出了突出贡献。

2017 年 9 月，王氏中医药骨科被列入第五批商丘市市级非物质文化遗产。

民俗

郭氏族礼

郭老家村位于木兰故里虞城县和孔子故里夏邑县交界处的闻集乡，北依白河，南临古大运河，是一个历史悠久、文化厚重且地理位置十分重要的中原名村，被河南省命名为“首批古传统村落”。它的名气不仅来源于至今仍保存完好的明代古建筑——仪宾公祠、焚香楼、郡马陵，更源于历经600年风雨仍然保存完好的《郭氏家乘》及一直传承至今的族礼、族规、族刑。郭氏族人对自己的族礼、族规、族刑不仅敬重，严格执行至今，而且在重大节日里依然保持着族祭的习俗，并且随着时代的变迁不断赋予它新的内涵，族礼、族规、族刑的修改虽有所变动，但最根本的内涵“尊祖重孝、勤俭本分、乐善好施、崇文重教、明礼担当”从没改变过。

郭氏族礼的最初倡仪制定者，是明周王府护卫官郭氏一世祖郭诚。二世祖“忠烈公”郭兴、三世祖“承袭总旗将军”郭保、五世祖“郭善人”郭盛、六世祖明代郡马郭臣都对郭氏族礼、族规进行了充实完善，并增加减删了一些内容。明万历六年（1758），七世祖缑公郭纲第一次编纂撰写了《郭氏家乘》，在先人的基础上明确制定了“郭氏的族礼、族规”，规范了祖人的行为。后人每隔一定时期将其重修一次。现在的郭氏宗祠中依然保留着自明代以来的所有续修本，这对研究家风、族

上 祠堂
下 供奉的牌位

礼传承是一个珍贵的历史资料。

郭老家村从一世祖郭诚建村以来，以忠烈保国著名当朝。随着族人的不断增多，郭氏家族规定了自己的严格家风、家规、家教。自郭氏族礼制定600年来，郭氏族人循规蹈矩、恪守家规，发扬家风，都接受了不同程度的文化教育，族人素质较高。《郭氏家乘》中的族礼涵盖内容丰富，它不仅明确规定了同族人的称谓、会饮、祭祀、敬宗、行坐、教训，而且还规定了对“不孝、不悌、不睦、不仁、不仪”之人进行惩罚的族刑。这些族礼、族规、族刑虽然年代久远，但在规范族人的日常行为起到了一定的作用，在当代仍具有现实意义。郭氏族礼、族规中一直传承到现在并受到全体人员敬重的仍然有：祭祖、敬孝、重教等内容。这也是当今社会“爱国敬业，尊宗敬祖，明礼诚信，勇于担当”的重要体现。每年重大节日郭氏族人远在异乡也要在百忙之中抽出时间回家祭祀先祖，回家探视老人。现在郭老家村以“一世陵、五世陵、郡马陵、郭纲祠、焚香楼”为主要传统礼仪的体现地。

郭氏族人在《商丘郭氏家乘》排行字中写道：“千秋锦世德，万代延书香。”这是让族人千秋万代继承先辈们的功德，尊师重教，发扬书香门第之门风，让优良传统和古老的族礼族规发扬光大。现在，它不仅演变成了今天的“村规民约”，也和当代社会主义核心价值观相契合。它将不断激励郭氏族人在这片黄土地上脚踏实地、兢兢业业、再接再厉、发奋图强、为国争光。

郭氏族礼至今已经经历了二十代传人：第一代郭诚（不详），第二代郭兴（不详），第三代郭俊（不详），第四代郭英（不祥），第五代郭盛（不祥），第六代郭相（不祥），第七代郭纲（1511~1566），第八代郭柏（不详），第九代郭邦仪（不详），第十代郭复业（不详），第

上　祭拜现场（一）
下　祭拜现场（二）
右　郭氏墓园

十一代郭汉永（不详），第十二代郭阳（不详），第十三代郭增高（不详），第十四代郭耕宾（不详），第十五代郭宗渊（不详），第十六代郭福锡（不详），第十七代郭家昌（不详），第十八代郭玉三（1893~1974），第十九代郭银明（1927~2016），第二十代郭庆德（1963~ ）。

主要传承人郭庆德，郭氏家族第二十代传承人。1984 年参加教育工作，1998 年任郭老家小学校长。他自幼受家族教育的影响，热衷于家族事业。1990 年以来致力郭老家历史文化的资料搜集工作，拍摄了许多家族珍贵照片。2015 年参加了《郭氏家乘》第十五次重修工作，担任了《商丘郭氏家乘》的主编，提供了所有文化资料，并完成了文字的电脑录入工作。特别是在郭老家历史文化名村的申报中，担当起了重任，写材料、作讲解、画图纸，协助完成了多项申报任务。

2017 年 9 月，郭氏族礼被列入第五批商丘市市级非物质文化遗产名录。